KÖNIGS FURT

Über dieses Buch

Dieses Buch stellt die traditionelle Kartenlegung und zugleich auch den modernen, symboldeutenden Umgang mit den berühmten Wahrsagekarten der Mme. Lenormand vor. Die Deutungsmöglichkeiten jeder Karte werden zunächst allgemein vorgestellt und mit speziellen Deutungen zu den Themen Liebe, Glück und Erfolg abgerundet.

Über den Autor

Harald Jösten, geb. 1960, studierte nach einer Ausbildung zum Buchhändler Germanistik, Literaturwissenschaft, Niederlandistik und Geographie in Kiel und Groningen/NL. Seit 20 Jahren lebt er in seiner Wahlheimat Schleswig-Holstein. Fast ebenso lange beschäftigt er sich mit dem Thema Symbolsprachen und deren psychologischer Deutung, insbesondere mit Tarotkarten.

Von ihm sind bereits bei Königsfurt erschienen:

Keller-Krohn, Bertram / Jösten, Harald: *Das Primavera Tarot*

Jösten, Harald: *Der neue Schlüssel zu den Karten der Mme. Lenormand*

Harald Jösten

Lenormand

Liebe · Glück · Erfolg

Königsfurt

Die in diesem Buch genannten Empfehlungen, Informationen und Hinweise sind als Anregung gedacht und als solche vom Autor und vom Verlag sorgfältig erwogen, inhaltlich kontrolliert und soweit möglich erprobt worden. Eine Garantie kann dennoch nicht übernommen werden. Keinesfalls können sie als Therapie- oder Diagnoseanweisung verstanden werden oder eine medizinische oder psychologische Beratung ersetzen. Eine Haftung des Autors oder des Verlages für Gebrauch oder Missbrauch der Informationen in diesem Buch sowie Personen-, Sach- oder Vermögensssschäden ist ausgeschlossen.

Bibliographische Informationen der Deutschen Bibliothek:
Die Deutsche Bibliothek verzeichnet diese Publikation in der Deutschen Nationalbibliographie; detaillierte bibliographische Daten sind im Internet über http://dnb.ddb.de abrufbar.

Originalausgabe
Krummwisch b. Kiel 2006

D-24796 Krummwisch
www.koenigsfurt.com

Abbildungen: Lenormand-Karten mit Versen (Königsfurt)

Umschlaggestaltung: Stefan Hose, D-24357 Götheby-Holm
Satz & Lithos: Stefan Hose, D-24357 Götheby-Holm
Printed in EU

Karten separat: ISBN-13: 978- 3-89875-779-9
Karten separat: ISBN-10: 3-89875-779-X

Buch separat: ISBN-13: 978-3-89875-803-1
Buch separat: ISBN-10: 3-89875-803-6

Set (Buch + Karten): ISBN-13: 978-3-89875-778-2
Set (Buch + Karten): ISBN-10: 3-89875-778-1

Inhalt

Abb 1. Marie Lenormand.
Aus: Der untrügliche Wahrsager – Interessantes Orakelspiel. Vermächtnis der Madame Marie Lenormand in Paris. Graz (Vlg. Eduard Ludewig) 1848

Die einzelnen Karten im Überblick

Einführung

Die Wahrsagekarten der Mme. Lenormand, insbesondere die so genannten Kleinen Lenormand-Karten, um die es in diesem Buch geht, erfreuen sich seit Jahren ungebrochener Beliebtheit, die aktuell sogar noch ansteigt. Auf viele Menschen üben diese 36 Karten eine geheimnisvolle Anziehungskraft aus.

Die Bekanntheit der Lenormand-Karten, die in verschiedensten Varianten seit nunmehr fast zweihundert Jahren auf dem Markt sind, erklärt sich aus dem Ruhm ihrer (angeblichen) Schöpferin, der Mme. Marie Anne Lenormand, die als die berühmteste Wahrsagerin des 19. Jahrhunderts gilt. Das aktuelle Interesse beruht aber wohl vor allem auf der Suche der Menschen nach Trost, Mitgefühl und Hilfe, auf der Sehnsucht nach einem *happy end* und nach neuen Lösungen für die eigene Lebenssituation.

Dieses Buch soll drei Funktionen erfüllen:

1. Es soll dem Interessierten einen ersten **Einstieg in die traditionelle**, d.h. divinatorische oder wahrsagende **Nutzung** der Lenormand-Karten ermöglichen. Dazu werden bei den einzelnen Karten jeweils die traditionelle weissagende Bedeutung der betreffenden Karte inklusive der Einflüsse der jeweiligen Umgebungskarten erläutert.

2. Es wird ein moderner Ansatz der Karteninterpretation vorgestellt, der eine weitere Dimension der Karten eröffnet. Dieser liegt in der **Deutung der Karten als Symbolträger**, wie sie ähnlich in der Deutung der Tarotkarten seit den 1960er Jahren praktiziert wird. Dazu wird im Abschnitt über die einzelnen Karten der symbolische Gehalt der jeweiligen Kartenmotive in unterschiedlichen Aspekten dargestellt.

3. Den Abschluss bilden dann eine **aus beiden Ansätzen**, also der divinatorischen Deutung und der Symboldeutung, **entwickelter Tipp zum konkreten, persönlichen Handeln** sowie spezielle Hinweise für die Themen *Liebe*, *Glück* und *Erfolg*.

Illustriert ist dieses Buch mit einer Variante von Lenormand-Karten mit aufgedruckten Versen, für die ein historisches Original-Deck von ca. 1875 als Vorlage fungierte. Diese Karten sind einzeln oder auch zusammen mit diesem Buch als Set verfügbar.

Ihnen wünsche ich nun eine anregende Beschäftigung mit den Karten der Mme. Lenormand und erhellende Einblicke in Ihr eigenes Inneres.

Harald Jösten

Wie Orakeln hilft

»Der Mensch hat seit ältesten Zeiten den Wunsch, das Dunkel der näheren oder ferneren Zukunft […] zu lüften und die Absichten der ihm unbekannten und über ihm waltenden Schicksalsmächte hinsichtlich seiner Person zu entschleiern,«[1] schreibt Ludwig Herold und sieht primär Nützlichkeitsgründe und Neugier als Triebfeder des Orakelns.

Manch einer glaubte und glaubt den Schicksalswillen bzw. die Zukunft in Spielkarten zu entdecken. Die Weissagung mit Hilfe von Spielkarten oder speziellen Orakelspielkarten geht zurück bis ins Mittelalter und ist letztlich aus der Kombination von so genannten Losbüchern und Spielkarten entstanden.

Auch der private Orakel-Anwender von heute lässt sich bei wichtigen Fragen gern von Orakelspielkarten wie den Lenormand-Karten anregen.

Spiel mit dem Zufall

Es ist vor allem der Reiz des Spiels, der den Umgang mit Orakelspielkarten so faszinierend macht. Ohne Risiko etwas ausprobieren und dabei quasi nebenbei für die Realität trainieren, einfach so, das ist Spiel. Spielerisch lernen, was auf dem Spiel steht, mit dem Feuer spielen, vielleicht das Spiel zu weit treiben, auf jeden Fall etwas, nämlich sich selbst ins Spiel bringen, um schließlich auch im wirklichen Leben zu wissen, was gespielt wird.

Das bewusste Spiel mit dem Zufall, im modernen Umgang mit Tarotkarten ein wesentlicher Faktor, ist auch das tragende Element des modernen Orakelns. Sich von den Orakelergebnissen anregen lassen, selbst die Zügel in die Hand nehmen und dann aktiv handeln: So kann man auch heute Orakelspielkarten nutzbringend anwenden. Die Karten sagen Ihnen nicht, wie Sie leben sollen, aber sie können Ihnen die Augen öffnen und den Blick frei werden lassen für das, was Sie vielleicht längst ahnten oder wussten, sich aber selbst oder anderen gegenüber nicht einzugestehen trauten. Auf diese Weise machen sie den Weg frei, die eigene Zukunft bewusst zu gestalten.

Symbole in den Lenormand-Karten

Die Motive der Lenormand-Karten sind Symbole. Wir haben es mit einer Sprache der Symbole zu tun. So etwas kennen Sie aus dem Tarot, dem Traum und dem Märchen: alles Symbolsprachen.

---

1 Ludwig Herold: Orakeln. In: H. Bächthold-Stäubli: Handwörterbuch des deutschen Aberglaubens, Bd. VI, Berlin / New York 2000, Sp. 1255ff. [Photomechanischer Nachdruck der Ausgabe von 1935]

Symbole sind sinnhafte Verbindungen von etwas meist ganz Konkretem (z. B. einer Rose) mit etwas Abstraktem, meist sehr Komplexem (z. B. der Liebe), das derart viele Haupt- und Nebenaspekte hat, dass es kaum oder gar nicht möglich ist, diese alle in einer adäquaten Zeit in Worten wiederzugeben.

Das Symbol ›Rose‹ schafft es, den ganzen Kosmos ›Liebe‹ in Bruchteilen einer Sekunde zu umreißen und lebendig werden zu lassen. Tatsächlich spiegelt sich diese Fülle bereits im Wort ›Symbol‹. Es kommt vom griechischen *symballein*, was so viel heißt wie *zusammenfügen, zusammenwerfen*. Ein Symbol verbindet Allgemeines und Persönliches, Historisches und Aktuelles.

Die Wirk- und Aussagekraft eines Symbols beruht auf *Konvention* und *Tradition,* aber auch auf der unwillkürlichen Spiegelung der eigenen Sichtweisen (ob bewusst oder unbewusst). Symbole entwickeln und verändern sich in ihrer Bedeutung. Manche existieren nur kurzzeitig innerhalb eines speziellen historischen, religiösen oder kulturellen Zusammenhangs und ihr Inhalt geht verloren, sobald sich dieser Zusammenhang auflöst. Es gibt aber viele Symbole, die sich über Jahrhunderte gehalten und weiterentwickelt haben und tief im kollektiven Bewusstsein ganzer Kulturen verankert sind. Dabei haben sie immer wieder Veränderungen, ja totale Umkehrungen in ihrer Bedeutung erfahren.

Für den aktuellen Deuter gilt es zu erkennen und zu entschlüsseln, worauf das Symbol historisch und aktuell verweist, um dessen Bedeutung sich oder anderen verständlich und nutzbar zu machen. Bezogen auf die Lenormand-Motive heißt das, auch die Zeitumstände der Entstehung zu berücksichtigen. Wenn wir heute Karten deuten, können beide Aspekte der symbolischen Bedeutung relevant werden. Symbole fungieren bei der psychologischen Methode wie ein Katalysator: Sie bewirken eine Auseinandersetzung mit dem angesprochenen Thema und eine Positionierung der eigenen Person dazu.

Welche Deutung ist die ›richtige‹?

Symbole sind in Ihrer Bedeutung vielschichtig und schillernd. Daraus erklärt sich auch die Tatsache, dass Sie ein und dieselbe Karte sehr unterschiedlich deuten können. Das heißt nicht, dass die Bedeutung der Symbole beliebig ist. Ein Berg steht nun einmal nicht für die Liebe und eine Rose nicht für Hindernisse und/oder Gipfelerlebnisse. Dennoch haben beide Symbole jeweils eine gewisse Spannbreite in ihrem Gehalt. Symbole enthalten aufbauende Aussagen und Anregungen, aber durchaus auch warnende. Symbole haben immer positive wie negative Aspekte, die sie ansprechen!

Ihre konkrete Aussage hängt wesentlich davon ab, welche persönliche Bedeutung sie für *Sie* haben, in welchem Zusammenhang sie auftauchen und welche Assoziationen sie in *Ihnen* wachrufen. Eines sind Symbole fast nie: eindeutig! Bevor Sie sich also von einer negativen Bedeutung schockieren oder gar entmutigen lassen, betrachten Sie auch die positiven Aspekte.

Die Vielfalt der möglichen symbolischen Bedeutungen mag vielleicht zunächst verwirren, ermöglicht aber auf Grund der unterschiedlichen Anregungen einen sehr individuellen Zugang zu weiteren Gedankenprozessen. Womöglich finden Sie genau den in Ihrer individuellen Lebenssituation hilfreichen Anstoß, der Sie weiter bringt. In der Vielfalt liegt also eine Chance. Und welche Deutung ist jetzt die ›richtige‹? Sicherheit gibt letztlich nur die eigene Auseinandersetzung mit dem Thema.

Lesen Sie auch, was andere über ihre Erfahrungen mit den Symbolen der Karten geschrieben haben. Das gibt Ihnen weitere Anregungen und zeigt Ihnen neue Aspekte, die Sie vielleicht bis dahin noch nicht gesehen haben. Nehmen Sie das dort Niedergeschriebene aber nicht einfach als gegeben und endgültig hin. Was zählt ist, inwieweit diese Anregungen Sie selbst weiterbringen. Selber denken ist in!

Zukunft gestalten

Der Ansatz für den Umgang mit Lenormand-Karten ist hier ein anderer, als Sie ihn vielleicht in anderen Handbüchern finden. Dort werden die Karten in der Regel ausschließlich als Medium der Weissagung beschrieben. Der hier zusätzlich vorgestellte symboldeutende Ansatz fußt auf der Überzeugung, dass das Leben nicht im Sinne eines festgelegten Planes vorherbestimmt, sondern ein offenes System ist, das zwar gewissen Mustern folgt, sich aber in permanenter wechselseitiger Einflussnahme der Faktoren immer neu entwickelt. Die Zukunft steht also in dieser Sicht nicht fest und lässt sich auch nicht ›ablesen‹ oder vorhersagen. Wir können auf Grund bekannten Faktenwissens und bekannter Verhaltensweisen lediglich Modelle entwickeln. Aber nicht die Karte sagt, wie Sie leben sollen, Sie selbst tun es, möglicherweise von der Karte angeregt, die eine oder andere Seite noch einmal genauer zu überdenken.

Wir können die Zukunft in gewissem Maße gestalten und beeinflussen. Eines unserer vornehmsten Lebensziele! Um gestalten zu können, müssen wir aber wissen, wohin wir wollen, welches unsere Wünsche sind und welches unsere Ängste. Und wir müssen fähig sein, Entscheidungen zu fällen. Gestaltung setzt Entscheidungen voraus: Das bleibt, das kann ich weiterentwickeln, darauf kann ich verzichten, das sollte ich beseitigen. Entscheiden ist der aktive Gedanken- und Tatenprozess, den das (werdende) Individuum selbst vollziehen muss.

Die Beschäftigung mit den Symbolen, seien es nun Symbole auf den Lenormand-Karten oder, sehr viel komplexer, auf Tarotkarten, kann Ihnen dabei helfen, dieses Wissen über sich selbst, das Sie zur Entwicklung Ihrer Individualität und zur Gestaltung Ihres Lebensweges brauchen, zu finden. Und Sie können mit Hilfe der Symbole Richtung und Verlauf dieses Weges immer wieder bespiegeln, hinterfragen und gegebenenfalls korrigieren.

Biografische Notizen

Ob Mme. Lenormand die nach ihr benannten Karten tatsächlich entwickelte und mit ihnen gearbeitet hat, ist umstritten. Für die überwiegende Zeit ihrer Tätigkeit gilt mit ziemlicher Sicherheit, dass sie mit ganz normalen Spielkarten wahrgesagt hat. Nicht unwahrscheinlich ist, dass sich einfach clevere Marketing-Strategen des 19. Jahrhunderts ihres berühmten Namens bedienten, um die damals beliebten Orakelkarten noch besser zu vermarkten.

Ebenso unklar, teils sogar widersprüchlich sind viele der biographischen Angaben über Mme. Lenormand in den verschiedenen Handbüchern. Sie selbst hat in späteren Jahren einige Bücher[2] verfasst, die teils auch ›autobiografische‹ Elemente beinhalten, doch ist diesbezüglich ihr eigener ›Marketing-Instinkt‹ nicht zu unterschätzen. Die Bücher dienten wohl vor allem der Eigenwerbung und so sind die darin genannten autobiografischen Fakten in diesem Licht zu sehen. Der Schleier des Geheimnisses war und ist im Metier der Wahrsagerei ein ebenso schmückendes wie umsatzförderndes Accessoire. Kurz, es lässt sich nur schwer unterscheiden, was daran Wahrheit und was ›Stricken‹ an der eigenen Legende ist. Etliches liest sich wie die glatt gebügelten Hochglanz-home-stories prominenter ›Stars‹ in heutigen Boulevard-Magazinen. Vor diesem Hintergrund sollten Sie die folgenden biografischen Notizen lesen[3].

2 *Mémoires historiques et secrèts de l'impératrice Joséphine, Marie-Rose Tascher-de-la-Pagerie, première épouse de Napoléon Bonaparte. – Paris, 1820*
Les oracles sibyllins où la suite des souvenirs prophétiques. – Paris, 1817
Le petit homme rouge au château des Tuileries. – Paris, 1831
Souvenirs de la Belgique: cent jours d'infortunes où le procès mémorable. – Paris, 1822
Les souvenirs prophétiques d'une sibylle sur les causes secrétes de son arrestation: le 11 décembre 1809. – Paris, 1814 [Quelle: Wikipedia]

3 Die Bücher der Mme. Lenormand sind leider nicht in deutscher Sprache erhältlich und auch in französischer Sprache nur antiquarisch. Die m. E. detailliertesten biografischen Angaben liefert Biwer, Anne L.: *Das große Lenormand Wahrsagebuch*. Aitrang (Windpferd Vlg.) 1997. Die angekündigte Lenormand-Biografie von Dicta Dimitriadis: *Mademoiselle Lenormand die große Seherin*. Hamburg (Corona Vlg.) lag bei Redaktionsschluss dieses Buches noch nicht vor.

Marie Anne Adelaide Le Normand (geläufig ist seit geraumer Zeit die Schreibweise Lenormand) wurde am 27. Mai 1772 im französischen Alençon als älteste Tochter eines wohlhabenden Tuchhändlers getauft (geboren wurde sie wahrscheinlich wenige Tage zuvor, doch galt nach damaliger Sitte der Tag der Taufe als Geburtstag). Ihren Vater verlor sie schon mit knapp sechs Jahren. Ihre Mutter wurde mit einem entfernten Verwandten aus ihrer eigenen Familie wieder verheiratet, damit jemand das Tuchgeschäft weiterführen konnte. Doch starb die Mutter nur wenige Monate nach dem Vater. Ihr Stiefvater heiratete kurze Zeit später erneut und Marie Anne wurde mit sieben Jahren von der Stiefmutter in die Obhut der Benediktinerinnen in Alençon gegeben. Schon hier las sie angeblich ihren Mitschülerinnen aus der Hand, eine Technik, die sie herumziehenden Zigeunern abgeguckt haben soll. Nachdem sie der Äbtissin die Absetzung weisgesagt habe, was ein halbes Jahr später auch tatsächlich eintraf, wurde sie von deren Nachfolgerin der Schule verwiesen.

Zehnjährig wurde sie in eine Lehre als Näherin gegeben. Die Wahrsagerei übte sie nunmehr wohl heimlich aus, um weitere Erfahrungen wie die im Kloster zu vermeiden. Mitte der 1780er Jahre ging sie nach Paris und fand Arbeit in einem Wäschegeschäft. Was nun kommt, klingt fast wie ein Märchen: Ein dort angestellter junger Buchhalter, Bücherwurm und Geheimschüler, habe sie in die Geheimnisse der Kabbala und Astrologie eingewiesen. Ein Lottogewinn habe ihr dann 1787 eine Reise nach London ermöglicht, wo sie als Wahrsagerin auftrat. Ihre Klienten stammten aus adligen Kreisen und in kurzer Zeit sammelte Marie Anne eine stattliche Summe Geldes an, heißt es. Auch gelangte sie in England bis in die Umgebung der Königsfamilie. Zurück in Paris soll sie 1793 drei Männern einen gewaltsamen Tod vorausgesagt haben. Dass das Eintreffen dieser Vorhersage ein wesentlicher Baustein ihres späteren Ruhmes war, versteht man, wenn man die Namen der drei Männer hört: Marat, Robespierre und St. Just.

Marie Anne Lenormand, Mademoiselle Lenormand, wie sie sich nunmehr nannte, traf auf Mme. Gilbert, eine stadtbekannte Wahrsagerin, und gründete mit ihr einen eigenen ›Salon‹, in dem beide mit Hilfe verschiedener wahrsagerischer Techniken wie z. B. Kartenlegen, Kaffeesatzlesen, Pendeln und Astrologie ihre Kunden berieten.

Bei einem Fest soll sie Josephine de Beauharnais kennen gelernt haben, eine Bürgerliche kreolischer Abstammung, die durch ihre Ehe mit dem Grafen Alexandre de Beauharnais in adlige Kreise gelangt war und 1796 mit dem späteren Kaiser Napoleon I. Bonaparte verheiratet wurde. Ihr bestätigte Mme. Lenormand die früher gemachte Weissagung, dass Josephine den Thron besteigen würde, was sie an der Seite Napoleons

1804 als Kaiserin der Franzosen tatsächlich auch tat. Josephine und Mme. Lenormand standen seither angeblich in regelmäßigem Kontakt. Inwieweit sich dieser auch auf Napoleon erstreckte, ist umstritten. Der ›Salon‹ ermöglichte den Damen Gilbert und Lenormand durchaus ein angenehmes Leben, doch Anfeindungen blieben nicht aus.

In den Jahren nach Napoleon mehrte sich Mme. Lenormands Ruhm aufgrund zahlreicher angeblich eingetroffener Prophezeiungen. Seit 1830 zog sie sich aber weitgehend ins Privatleben zurück. Die letzten Jahre verbrachte sie vor allem auf ihrem Landsitz Poissy bei Paris, wo sie im Alter von 71 Jahren am 25. Juni 1843 starb.

1 · Der Reiter / Kavalier

Traditionelle Deutung

Der *Reiter* kündigt Neuigkeiten an. Gute Nachrichten bei positiven Umgebungskarten, schlechte Nachrichten bei negativen Umgebungskarten.

+ 27 *Brief:* schriftliche Nachrichten; + 26 *Buch:* vertrauliche Neuigkeiten; + 6 *Wolken:* schlechte Nachrichten.

Moderne Symboldeutung

Zunächst ist ein Reiter ein Mensch, der zu Pferde von A nach B reitet, mit Hilfe eines kraftvollen ›Vehikels‹ Entfernungen überwindet und dabei womöglich viel erlebt. Daneben schwingen angesichts eines Mannes »hoch zu Ross« sowohl Gedanken an Stolz, Ritterlichkeit, Tapferkeit und Edelmut der mittelalterlichen Ritter mit, als auch positive bzw. negative Beiklänge von Herrenreitern oder Gutsherren. Positiv wären z.B. Eleganz, Fürsorge und Gediegenheit, negativ Arroganz und Egozentrik. Mancher wird auch an Cowboys denken, jene Inbegriffe harter Männlichkeit, die Wind, Wetter und Wölfen trotzen und schnell mit dem Revolver sind, wenn's darauf ankommt. Tatsächlich hat dieses Klischee mit dem wirklichen Cowboy-Leben wohl nur wenig zu tun.

Dargestellt sind immer zivile Reiter (keine Krieger), so dass entsprechend der ›zivile‹ Symbolgehalt im Vordergrund steht. Während der Entstehungszeit der Lenormand-Karten im 19. Jahrhundert war das Pferd ein übliches Fortbewegungsmittel und ›Dienstfahrzeug‹ der Postreiter und Kuriere. Die von ihnen überbrachten Nachrichten waren von einer gewissen Wichtigkeit und Dringlichkeit, war doch der Brieftransport schon damals nicht gerade billig.

In der Psychologie und Traumdeutung steht der Reiter bzw. das Reiten auch für Kraft, Bewegung, (beherrschte) Erotik, ›gezügelte‹, d. h. kultivierte Energie. Ross und Reiter als Einheit finden wir buchstäblich zusammengefügt im Mythenwesen des *Zentaurs.* Diese Einheit wird als Symbol von Körper und Geist, Leib und Seele, Trieb und Verstand etc. verstanden.

Das Glück der Erde liegt auf dem Rücken der Pferde ...

Wie sehe ich mich in Bezug zu diesem Motiv?

Bin ich Reiter oder Pferd? Reite ich irgendwohin oder komme ich irgendwoher?

Bin ich Bote oder Empfänger einer Nachricht?

Welche Ziele strebe ich aktuell an?

Welche Beweggründe lassen mich diese Ziele anstreben?

Tipp

Welche Gedanken der Reiter in Ihnen auch wachruft, welche Nachricht Sie auch erwarten: Ergreifen Sie jetzt die Zügel und lassen Sie sich keine anlegen! Lassen Sie Ihre positive Ausstrahlung auf andere wirken!

♥ Liebe

Lieben Sie mit Leib *und* Seele. Nur mit dem Leib zu lieben ist mit der Zeit ebenso fad und unerfüllend wie andauernde platonische Hingabe. Kultivieren Sie Ihre Triebe, doch unterdrücken Sie sie nicht.

♣ Glück

Das Glück der Erde liegt auf dem Rücken der Pferde. Reiten Sie also los und suchen Sie Ihr persönliches Glück. Werden Sie sich zuvor klar, was Glück für Sie bedeutet und welches Glück Ihr Glück sein könnte.

➚ Erfolg

Sie sind am Zug, besser am Zügel: Benennen Sie Ross und Reiter, sagen Sie klar und deutlich, was *Sie* wollen! Das schadet auch in Vorstellungsgesprächen nicht.

2 · Klee / Kleeblätter

Traditionelle Deutung

Diese Karte zeigt das große Glück bzw. die Hoffnung darauf. Manchmal geht es um ein großes inneres Glück, über das man aber nicht sprechen kann. Der *Klee* bringt auch Geld mit sich.

+ negative Karten: Das Glück verlässt Sie; + 4 *Haus* oder 16 *Sterne:* zu Hause großes Glück oder Glück in geschäftlichen Angelegenheiten.

Moderne Symboldeutung

Schon in vorchristlicher Zeit galt der dreiblättrige Klee bei den keltischen Druiden als heilige Pflanze. Nach der Christianisierung wurde das Kleeblatt zum Dreifaltigkeitssymbol umgedeutet. Das ›gewöhnliche‹ dreiblättrige Kleeblatt ist durchweg positiv befrachtet, verweist aber auch auf das Gewöhnliche, Normale.

Als außergewöhnlich und damit als Glücksbringer gelten das vier- und das fünfblättrige Kleeblatt, welches gelegentlich als Hinweis auf eine glückliche Ehe verstanden wird. Das vierblättrige Kleeblatt gilt, da so selten, als das Glückssymbol schlechthin. Dabei stehen die vier Blätter für Gesundheit, Wohlstand, Glück und wahre Liebe. Die Glückssymbolik geht auf die Legende zurück, dass Eva bei der Vertreibung aus dem Paradies ein vierblättriges Kleeblatt hinausgeschmuggelt habe, welches als Erinnerung ans Paradies Glück bringe. Die Vier ist in vielen Kulturen aber auch ein Symbol der Ganzheit und der Vereinigung der Gegensätze (ähnlich auch im Kreuz). Das Paradies (an welches das vierblättrige Kleeblatt erinnert) ist vor diesem Hintergrund also der Zustand der Ganzheit und der vereinigten Gegensätze.

Unabhängig von dieser Legende geht die Glückskraft des Klees ursprünglich wohl aber auf seine vitale Wüchsigkeit zurück. Klee spendete Lebenskraft und versinnbildlichte diese dann auch gleich. Es geht beim Klee daher auch um Fruchtbarkeit und Wachstum. Im Zusammenhang mit der Zahl Vier stellt sich dabei aber die schwierige Aufgabe, durch aufmerksame Suche Ganzheit und Vollständigkeit zu erreichen und damit eine Lösung zu finden.

Wünschen Sie sich lieber kein sechsblättriges oder sonst wie vielblättriges Kleeblatt: Diese gelten als Unglücksbringer! Denn so viel Glück muss schon mit dem »Teufel« zugehen.

Wenn das Glück anklopft, versäume nicht, zu öffnen!

Wie sehe ich mich in Bezug zu diesem Motiv?

Bin ich glücklich?

Wenn ja, was genau macht mich glücklich? Wenn nein, was genau macht mich unglücklich?

Was bedeutet Glück für mich? Wie kann ich dieses Ziel konkret erreichen?

Was kann ich für mein persönliches Glück selbst tun?

Tipp

Erkennen Sie Ihr persönliches Glück in dem, was Sie erreicht haben! Wenn es Ihnen nicht reicht, streben Sie nach mehr. Für sein Glück muss man arbeiten, manchmal sogar kämpfen. Warum nicht heute? Womöglich ist gerade heute Ihr Glückstag!

♥ Liebe

Liebe ist ein zartes Pflänzchen, das viel Pflege braucht, auch und gerade, wenn es mal nicht so gut läuft in der Beziehung! Arbeiten Sie daran, versuchen Sie, geduldig gegensätzliche Erwartungen oder Auffassungen konstruktiv zu vereinen. Keine leichte Aufgabe, aber eine lohnende …

♣ Glück

Haben Sie Ihren Glücksklee schon gefunden? Nicht? Suchen Sie ihn denn? Zu erkennen, was wirkliches Glück für jemanden ist, dauert oft lange, es braucht Geduld dazu, Erfahrung und vor allem die Bereitschaft, danach zu suchen.

Erfolg

Manchmal scheint das Leben (oder Ihr Chef) von Ihnen die Quadratur des Kreises zu verlangen. Stellen Sie sich der anliegenden schwierigen Aufgabe. Beharrlichkeit und aufmerksames Suchen bringt Sie der Lösung näher.

3 · Schiff

Traditionelle Deutung

Eine Reise steht an, eine Erbschaft, ein guter Geschäftsabschluss. Ein Umzug oder eine plötzliche (räumliche) Veränderung können ins Haus stehen. Eine verwickelte Angelegenheit kann durch sachliche Analyse gelöst werden.

+ 6 *Wolken:* störende negative Einflüsse; + 7 *Schlange* und 8 *Sarg:* Probleme auf der Reise (Diebe; Unfälle) oder bei der Abwicklung der Erbschaft; + 34 *Fische*: größere Geldsumme; Reichtum; lukrativer Geschäftsabschluss; + 17 *Storch:* Flugreise; große Veränderung im Leben.

Moderne Symboldeutung

Allgemein gilt das Schiff als Symbol der Reise oder auch ›Lebensfahrt‹. In christlicher Sicht wird die Kirche als Schiff aufgefasst, welches zum himmlischen Ziel trägt (Kirchenschiff). In den Begräbnisriten der Wikinger, aber auch anderer Völker (Ozeanien), symbolisiert das Totenschiff die Fahrt ins Jenseits. Auch in der griechischen Mythologie ist ein Schiff, genauer ein Kahn, das Vehikel, mit welchem die Seelen in die Unterwelt übergesetzt werden.

Das Schiff symbolisiert also vor allem einen Übergang. Es kann Rettung versprechen oder den Aufbruch in eine neue Welt oder, abstrakter, ins Unbekannte. Häufig ist das Schiff ein Symbol der Freiheit und des Wagemuts, aber auch der Flucht, die ja ebenfalls eine Befreiung sein kann und ohne einen gewissen Wagemut kaum durchführbar wäre. Aspekte des Übergangs, der Ruhelosigkeit, auch der Heimatlosigkeit spielen hier mit hinein. Ein weiterer Gesichtspunkt ist der des Gefühls bzw. des Seelenlebens, der Spiritualität, des Unbewussten, versinnbildlicht durch das Wasser.

Ein Schiff fährt oder treibt auf dem Wasser. Bei C. G. Jung symbolisiert das Schiff u. a. das Bewusstsein. Das Bewusstsein ist also ein Vehikel, welches sicher über die Wogen des Unbewussten, über emotionale und seelische Tiefen tragen kann oder im Gegenteil den Verstand, der auf den Wogen der Gefühle treibt.

Es kommt ein Schiff geladen …

Wie sehe ich mich in Bezug zu diesem Motiv?

Wie steuere ich mein Schiff?

Kenne ich mein Ziel und meinen Kurs dorthin?

Wie gehe ich mit emotionalen Turbulenzen um?

Wie kann ich meine Gefühle kontrollieren oder besser verstehen?

Tipp

Wenn Neues beginnt, ist das häufig mit emotionalen Extremen verbunden. Gefühle gehören dazu. Lassen Sie sich von ihnen tragen, doch versuchen Sie, eine gewisse Distanz oder Coolness zu behalten. Halten Sie Ihren Kurs.

♥ Liebe

Wohin steuert Ihre Liebe? Wollen Sie wirklich dorthin, mit Ihm/Ihr durch dick und dünn, über Wellental und Wellenberg? Wenn ja: Dann heißt es jetzt trotz aller Turbulenzen Kurs halten. Wenn nein, dann sollten Sie von Bord gehen.

♣ Glück

Fahren Sie sich nicht fest, laufen Sie nicht auf Grund. Immer eine Handbreit Wasser unter dem Kiel ist das größte Glück der Seeleute, denn dann kann das Schiff fahren und es kommt voran. Erhalten Sie sich die Freiheit, selbst zu entscheiden, wohin die Reise geht.

➶ Erfolg

Erfolg ist, wenn man ankommt, wo man hin wollte. Benutzen Sie Ihren Verstand und behalten Sie das Steuer in der Hand und das Ziel fest im Auge.

4 · Haus

Traditionelle Deutung

Das *Haus* bedeutet die sichere Heimstatt im Sinne von ›My home is my castle‹. Allgemein gilt diese Karte als Zeichen für Geborgenheit, Frieden und Wohlstand. Also blicken Sie mit Zuversicht in die Zukunft.

+ positive Karten: Glück, Verbesserung der Lage, wenn keine negativen Karten in der Nähe liegen. + 17 *Storch:* eine Veränderung, ein Umzug steht bevor.

+ negative Karten: mahnt Sie, sich vor der eigenen Umgebung in Acht zu nehmen. Missgunst und Widerstand von anderen.

Moderne Symboldeutung

Ein Haus bedeutet Schutz, Heimat, den Mittelpunkt der eigenen Welt, kann aber auch für Isolierung und Abschottung von der Umwelt stehen. Es symbolisiert auch den menschlichen Körper, die zeitlich begrenzte ›Behausung‹ der Seele.

In der psychoanalytischen Traumdeutung stehen Haus und Körper, Haus und »Ich« in noch engerer Beziehung. Hier steht die Hausfassade für das äußere Erscheinungsbild eines Menschen, das Dach entspricht dem Kopf (Geist und Bewusstsein), der Keller steht für die Instinkte und Triebe, das Unbewusste. Es verkörpert die Persönlichkeit und den Körper des Träumenden.

Ein großes Haus mit vielen Räumen weist demnach auf ein Wachstum des Bewusstseins und eine Ausdifferenzierung der eigenen Persönlichkeit hin. Ein marodes Haus deutet auf die Vernachlässigung der eigenen Persönlichkeit hin und ruft nach Erneuerung und Aufbau.

Ein Haus ist ein Objekt, das nur nach und nach, unter großen Mühen, aufgebaut wird, es steht also auch, wenn's denn fertig ist, für persönliche Leistung und Erfolg.

Ein gastliches Haus lockt Gäste herbei …

Wie sehe ich mich in Bezug zu diesem Motiv?

Fühle ich mich wohl zu Hause / in meiner Haut?

Was gefällt mir besonders, was stört mich besonders an mir?

Was kann ich für mich tun, körperlich oder geistig?

Was bedeutet Heimat für mich?

Wo ist mein Mittelpunkt?

Tipp

Nur wer in sich zu Hause ist, kann sich wohl und geborgen fühlen. Kümmern Sie sich um Ihren Körper in gleichem Maße wie um Ihre Seele. Streben Sie danach, beides in gutem Zustand zu halten. Besonders jetzt!

♥ Liebe

Machen Sie sich doch einmal wieder einen gemütlichen Abend zu Hause – nur Sie und Ihr Partner. Wer in sich zu Hause ist, sprich, wer mit sich selbst zufrieden ist (nicht selbstzufrieden!), strahlt dies auch aus, wirkt attraktiv. Und ein gastliches Haus lockt auch Gäste an …

♣ Glück

My home is my castle: Es ist ein großes Glück, sich geborgen fühlen zu können, eine Zuflucht zu haben, die immer da ist, was auch geschieht. Ihre Aufgabe und Ihre Chance ist es jetzt, ein solches ›Haus‹ zu schaffen und zu behalten.

➚ Erfolg

Bringen Sie unter Dach und Fach, was Ihnen zu erledigen wichtig ist. Bringen Sie Ihre Schäfchen ins Trockene. Sparsamkeit und Fleiß machen kleine Häuser groß! Schaffen Sie ›Raum‹ für sich ganz allein (wörtlich und im übertragenen Sinne).

5 · Baum

Traditionelle Deutung

Diese Karte signalisiert Gesundheit, dauerndes Glück, Kraft und Wunscherfüllung. Der *Baum* ist auch die Karte der kraftvollen und sich dynamisch entwickelnden Persönlichkeit. Ob es nun um Krankheit oder Genesung geht, ob die aktuelle Gesundheit gut ist oder man die nötige Energie zur Festigung der eigenen Persönlichkeit hat, hängt von den Umgebungskarten ab.

+ 8 *Sarg*: Es steht schlecht mit der Gesundheit des Fragenden.

Moderne Symboldeutung

Der Baum ist ein uraltes, archetypisches Symbol des Lebens (Lebensbaum) und des Menschseins. Verwurzelt im Körperlich-Irdischen, ›geerdet‹, hat der Mensch die Freiheit des Geistes, die ihn in die höchsten Himmel tragen kann.

Bäume waren in der nordischen Mythologie der Ursprung der Menschen. Yggdrasil, die Weltenesche, spielt als heiligster Baum der germanischen Völker eine herausragende Rolle. Unter Eschen und Eichen wurde Recht gesprochen, beraten, regiert.

In der Traumdeutung symbolisiert der Baum die Entwicklung und das Wachstum des Träumenden. Als Symbol des Beständigen (wegen seiner langen Lebensdauer) und des Schutzes steht er auch für Naturverbundenheit und erhaltenden Schutz der Natur. Als negative Aspekte spielen hier Unbeweglichkeit, Vereinzelung und »hölzernes« Wesen mit hinein.

Durch seine jahreszeitlichen Veränderungen symbolisiert der Baum auch Leben, Tod und Wiederauferstehung.

Im christlichen Paradies ist der Baum des Lebens ein Sinnbild der Auferstehung und seine Früchte bringen das Heil. Der Baum der Erkenntnis spielt eine zentrale Rolle in der biblischen Schöpfung, sind es doch seine verbotenen Früchte, von welchen, verführt durch die Schlange, Eva und Adam aßen und infolgedessen mit flammenden Schwertern des Gartens Eden verwiesen wurden.

Aus kleinem Reis wird großer Baum ...

Wie sehe ich mich in Bezug zu diesem Motiv?

Wann habe ich mir das letzte Mal Zeit genommen, einen Baum zu betrachten und zu berühren?

Wie steht es mit meiner körperlichen / seelischen Gesundheit?

Was kann ich für die Gesundheit meines Körpers und meiner Seele jetzt tun?

Wo liegen meine Wurzeln?

Was brauche ich zum Wachsen?

Tipp

Lassen Sie sich Zeit in der Hektik des Alltags. Besinnen Sie sich auf die elementaren Dinge des Lebens. Gut Ding will Weile haben: Kraft und Größe brauchen Zeit, sich langsam zu entwickeln, sie brauchen Geduld.

♥ Liebe

Die Liebe ist ein zartes Pflänzchen, das gut gepflegt zu einem starken Baum heranwachsen kann, der allen Stürmen trotzt. Geben Sie sich und Ihrer Beziehung Zeit, sich zu entwickeln. Die üppigsten Bäume stehen auf freien Flächen – lassen Sie Ihrer Beziehung also auch genug Freiheit, sich voll zu entfalten. Klammern Sie nicht!

♣ Glück

Glückliche Menschen durchbohren alle Bretter und spalten alle Äste, sagt ein niederländisches Sprichwort.

Erfolg

Solide Erfolge brauchen eine gute Vorarbeit. Und trotzdem wachsen die Bäume nicht in den Himmel. Lassen Sie sich nicht entmutigen, bleiben Sie beharrlich am Ball. Beständigkeit zahlt sich aus.

6 · Wolken

Traditionelle Deutung

Günstig, wenn die Karte mit der hellen Seite nahe bei der Signifikatorkarte liegt. Ansonsten drohen Schwierigkeiten und Unannehmlichkeiten. *Wolken* verdüstern die guten Aussichten. Die Wetterlage ändert sich. Machen Sie sich auf Blitz und Donner gefasst oder zumindest auf einen kühlenden Regen.

Die dunkle Seite der *Wolken* zeigt je nach daneben liegender Karte, wo bzw. in welchem Kontext die Schwierigkeiten auftauchen werden. Negative Umgebungskarten (z.B. 8 *Sarg*, 14 *Fuchs* o. ä.) können die negative Aussage der *Wolken* verstärken. Im positiven Sinne beruhigt die Karte, dass man eine bevorstehende unangenehme oder gar gefährliche Situation gut durchstehen wird.

Moderne Symboldeutung

In der abendländischen Tradition stehen Wolken für Verhüllung. Das dahinter Verborgene ist den Blicken entzogen. In diesem Sinne behindern sie also die freie Sicht. Doch schon in der Antike galten die Wolken bzw. die von Wolken umhüllten Berge (z.B. der Olymp) auch als Wohnstätte der Götter. Im Islam stehen Wolken für die Unerforschlichkeit Allahs.

In Naturreligionen symbolisieren sie als Regenbringer die Fruchtbarkeit. Im alten China hatten Wolken als Glücks- und Friedenssymbole eine Bedeutung. Man sah ihre Entstehung als Produkt der Vereinigung der Urprinzipien Yin und Yang. Zugleich steht die Wolke, die sich am Himmel bildet und wieder auflöst, auch für die Notwendigkeit der Wandlung.

In der Traumdeutung werden dunkle Wolken als Indikatoren von Trübsal, Sorgen oder Krankheit gesehen. Während weiße, zarte Wölkchen eine heitere, vergnügliche Zeit beschreiben, stehen düstere Wolken auch hier für kommende oder gehabte Schwierigkeiten. Traumwolken warnen aber auch davor, sich zu sehr von der Realität abzulösen, im ›Wolkenkuckucksheim‹ zu leben. Ähnlich wie beim *Turm* spielen auch hier die Aspekte Überblick und Gesamtsicht eine Rolle.

Über den Wolken muss die Freiheit wohl grenzenlos sein ...

Wie sehe ich mich in Bezug zu diesem Motiv?

Wie kann ich mir über meine ›wolkigen‹ Ideen, Vorstellungen und Ideale klar werden?

Habe ich genug Informationen, um die Situation zu klären?

Verhalte ich mich bzw. spreche ich selbst klar und deutlich?

Wie verhalte ich mich Schwierigkeiten gegenüber?

Tipp

Aufziehende Unwetter lassen sich lange vorher an bestimmten Anzeichen erkennen. Achten sie auf solche Anzeichen. So heftig die Prüfungen und Schwierigkeiten auch sein mögen, Sie können nur daraus lernen und daran wachsen!

♥ Liebe

Hat's mal wieder gewittert in Ihrer Beziehung? Wunderbar – nur wer sich aneinander reibt, ist sich wichtig! Setzen Sie sich konstruktiv mit Ihrem Partner auseinander, ohne verletzend zu werden. Und genießen Sie die Versöhnung danach!

♣ Glück

Schnell ziehen die Wolken dahin. Ziehen Sie doch ein wenig mit, lassen Sie sich treiben, folgen Sie Ihren Sehnsüchten. Lösen Sie sich vom irdischen Alltag und gewinnen Sie Abstand! Betrachten Sie Welt doch einfach mal von oben!

Erfolg

Wenn Sie weiterhin unrealistischen Ideen hinterherträumen und ›über allen Wolken schweben‹, dann wird es vorerst nichts mit Ihrem Erfolg. Erfolg braucht beides: Vision und bodenständiges Umsetzen.

7 · Schlange

Traditionelle Deutung

Diese Karte verkündet Unglück, Heuchelei, Verrat und Verlust. Eine deutliche Warnung vor falschen Freunden und Schmeichlern im Privaten, erst recht aber in geschäftlichen Angelegenheiten. Hüten Sie sich vor Intrigen! Vermeintliche Freunde können sich als Verräter entpuppen. Seien Sie nicht zu vertrauensselig.

+ 23 *Mäuse:* Diebstahl und/oder Einbruch; + 24 *Herz:* Eifersucht; + 34 *Fische:* finanzielle Verluste.

Moderne Symboldeutung

Die Schlange ist ein uraltes, sehr ambivalentes Symbol und ein Archetyp der Instinktnatur. Einerseits ist der Tod mit ihr verbunden, andererseits steht sie für Wiedergeburt, neues Leben, für den unendlichen Kreislauf. Sie ist ein Wandlungstier, weil sie ihre alte Haut abstreift, wenn sie ihr zu eng wird, und sich so regelmäßig erneuert. Als solches regt sie zur eigenen Wandlung an (Rollen, Lebenssituationen etc.) und zur ›Ent-Hüllung‹ des eigenen wahren Wesens.

Sie gilt auch als Symbol der Weisheit, Unsterblichkeit und Mystik. Schlangenkulte in der Antike verehrten dieses Tier als Gott. Es wurde darin auch mit der Heilkunst in Zusammenhang gebracht (Äskulapstab). Die zwei Schlangen im Caduceus, dem Götterstab des Hermes, stehen für die Gegensätze Heilung und Vergiftung bzw. Gesundheit und Krankheit. Zugleich ist der Caduceus ein altes alchemistisches Symbol der Dualität und Kraft der Umwandlung.

Der heute überwiegend negative Ruf der Schlange geht im Wesentlichen auf die Bibel zurück, wo sie (der Teufel, das Böse, das Symbol der alten Fruchtbarkeitskulte) Eva zum verbotenen Genuss des Apfels von Baum der Erkenntnis verführt und so die Vertreibung von Adam und Eva aus dem Paradies verursacht. Dieser Verlust des Paradieses machte die Schlange bis heute zur Botin des Unglücks. Die Schlange kriecht am Boden und windet sich dahin. So ist sie auch als Symbol einer Situation deutbar, in welcher der Betrachter sich windet und am Boden liegend fühlt.

Es ist zum Aus-der-Haut-Fahren …

Wie sehe ich mich in Bezug zu diesem Motiv?

Gibt es Anzeichen, die auf Gefahren hinweisen?

Welche Veränderungen stehen an?

Welche Chancen ergeben sich daraus für mich?

Welche notwendigen Veränderungen schiebe ich schon seit langem vor mir her?

Was könnte meine jetzige Situation ›heilen‹?

Tipp

Achten Sie aktuell auf sich vollziehende / notwendige Änderungen. Manches Unglück lässt sich verhüten, wenn man auf Vorzeichen achtet!

❤ Liebe

Die »Beziehungskiste« tut sich auf! Das Gift einer Schlange kann tödlich sein oder heilen. Auf die Dosis kommt es an. So verhält es sich auch mit Misstrauen und Eifersucht. Lassen Sie Überholtes und Unechtes los und widmen Sie sich dem wirklich Wichtigen in Ihrer Beziehung.

♣ Glück

Möglicherweise sind Sie momentan alles andere als glücklich. Das Chaos scheint zu regieren. Sie fühlen sich verraten und betrogen oder haben vielleicht sogar selbst …? Sie können jetzt selbst eine Menge ändern, um dem Glück auf die Sprünge zu helfen. *Aus der Haut fahren* meint vor allem: sich erneuern …

Erfolg

Erfolgreich ist vor allem der, der sich zu wandeln weiß. Wenn Sie aktuell auch eher am Boden liegen: Winden Sie sich empor. Nutzen Sie jede ›Bodenwelle‹, um voranzukommen. Manchmal sind Umwege nötig – aber verlieren Sie nicht Ihr Ziel aus den Augen.

8 · Sarg

Traditionelle Deutung

In der klassischen Deutung wird der Sarg als Hinweis auf den physischen Tod des Fragenden, zumindest auf eine schwere Krankheit, gesehen.

+ 11 *Rute* oder 14 *Fuchs*: Betrug, Zwietracht und List sind im Spiel; + 20 *Garten* (positive Erneuerung, Kreativität): Probleme sind in den Griff zu bekommen; + 1 *Reiter*: schlechte Nachrichten; + 24 *Herz* bzw. 26 *Ring*: Ende einer Beziehung oder geschäftlichen Verbindung; + 34 *Fische:* finanzielle Verluste; + 35 *Anker*: Unruhe, Instabilität.

Moderne Symboldeutung

Als Symbol steht der Sarg für den Tod und die Rückkehr in den Mutterschoß der Erde. ›Asche zu Asche, Staub zu Staub.‹ Er steht damit auch für Passivität, manchmal auch für Einengung und Gefangenschaft (›*lebendig begraben*‹).

Vorsicht: Diese Karte steht sicher für das Ende von etwas, im übertragenen Sinne für dessen ›Tod‹. Es geht um das Abschiednehmen, um Verlust, vielleicht das Ende einer Liebesbeziehung und auch um damit verbundenen Kummer. Aber es kann auch das Ende einer unangenehmen Phase oder die Beendigung einer Unglücksphase oder das aktive Beenden, Loslassen und Erledigen von etwas angezeigt sein. Es geht um das wirkliche ›Begraben‹ alter Probleme und das Heraustreten aus Wiederholungszwängen.

Nach dem Begräbnis eines Verstorbenen steht die Regelung seiner Hinterlassenschaft an (Erbschaft, Entrümpelung). Insofern steht der Sarg auch als Aufforderung, sich solcher Aufgaben anzunehmen, die abzuwickeln bzw. zu lösen jetzt notwendig ist. Die Karte ist eine Aufforderung, seine ›Leichen im Keller‹ zu entsorgen, sich also von Altlasten zu befreien, sei es durch ein aufarbeitendes, klärendes Gespräch, sei es durch einen endgültigen Schlussstrich.

Heute stark, morgen im Sarg ...

Wie sehe ich mich in Bezug zu diesem Motiv?

Kenne ich meine ›Leichen‹ im Keller?

Wie kann ich diese beseitigen?

Welche Aufgaben schiebe ich schon seit langem vor mir her?

Welche Aufgaben davon kann ich heute erledigen?

Was belastet mich und warum?

Wie kann ich solche belastenden Themen oder Sachverhalte loswerden?

Tipp

Prüfen Sie, wie weit Sie mit Ihren Aufgaben und Plänen auf dem Laufenden sind. Lösen Sie Probleme, wenn sie auftauchen. Schieben Sie nichts vor sich her. Je größer der Haufen der unerledigten Dinge wird, desto mehr engt er Sie ein. Beenden Sie aktiv Prozesse, die Sie belasten und behindern.

♥ Liebe

Ist Ihre Beziehung eher Lust oder Last? Wenn Ihnen Ihre Beziehung etwas wert ist, dann sollten Sie (alte) Probleme, die Ihre Liebe belasten, zu beseitigen versuchen.

♣ Glück

Neues Spiel, neues Glück. In jedem Unheil steckt die Chance zur Weiterentwicklung. Befreien Sie sich von Altlasten. Nutzen Sie Ihre Zeit sinnvoller. »Nimm Abschied, Seele, und gesunde«, dichtete schon Hermann Hesse.

↗ Erfolg

Schieben Sie nichts vor sich her, auch wenn die Erledigung der anstehenden Aufgabe Ihnen lästig oder unangenehm ist. Leichter wird es sicher nicht. Do it yourself!

9 · Blumenstrauß

Traditionelle Deutung

In der klassisch-divinatorischen Deutung ein starker Glücksbote, eine rundweg positive Karte, die andere positive Karten verstärkt und negative Karten abschwächt. Glück in jeder Hinsicht und Zufriedenheit. Sofern diese Karte nicht von negativen Karten umringt ist, bedeutet sie vollständiges Glück in der Liebe, aber auch in geschäftlichen Angelegenheiten. Das Alltagsleben wird ganz nach Wunsch verlaufen. Glück bringende Botschaft in Hinblick auf Freundschaft und Liebe. Liegt die Karte links von der Signifikatorkarte, so sind die Grundlagen für dieses Glück bereits gelegt. Positive Umgebungskarten werden verstärkt, negative abgeschwächt.

+ 1 *Reiter*: eine freudige Neuigkeit; + 13 *Kind*: Nachwuchs steht ins Haus; + 34 *Fisch:* materielle Geschenke; + 21 *Berg*: falsche Freunde, die sich mit ›Blumen‹ Ihrer Gunst versichern wollen.

Moderne Symboldeutung

Als Gastgeschenk, zur Unterstreichung einer Gratulation (bei Geburtstagen ebenso wie bei Wahlen, Preisverleihungen, Geschäftsabschlüssen), als Mitbringsel zum Trost und zur Erheiterung von Kranken, als Abschiedsgruß bei Kondolenzbesuchen. Mit Blumen werden immer Gefühle ausgedrückt: Dankbarkeit, Freude, Trost, Beileid.

Ein Blumenstrauß steht für die beiden scheinbaren Gegensätze Hoffnung und Abschied. So schnell Blumen auch vergehen, so sicher wachsen sie auch wieder nach und erblühen wieder neu. Blumen sind ein traditionelles Symbol der Gefühle, der Schönheit und Vergänglichkeit, der Ewigkeit des Augenblicks. Der Blumenstrauß, die Verbindung vieler, oft verschiedener und verschiedenfarbiger Blumen, gilt als Symbol der Einheit in der Vielheit. Die einzelne Blume darin symbolisiert die Entfaltung der eigenen Natur. Im Biedermeier, der Zeit zwischen 1815 und 1848, entstand eine ausgeklügelte Blumensprache. Mit Hilfe eines entsprechend zusammengestellten Blumenstraußes konnten so komplexe Botschaften *durch die Blume* übermittelt werden. *Etwas durch die Blume sagen*, hat heute aber mitunter einen negativen Beigeschmack von Feigheit, die Wahrheit nicht direkt sagen zu wollen.

Danke für die Blumen ...

Wie sehe ich mich in Bezug zu diesem Motiv?

Welche Talente wollen noch erblühen?

Bin ich zufrieden mit meiner jetzigen Situation?

Was überhaupt brauche ich, um zufrieden zu sein?

Wie gehe ich mit meinen Gefühlen um?

Kenne ich die Vielfalt meiner Gefühle und kann ich mit dieser Vielfalt umgehen?

Tipp

Es gibt immer mehrere Wege, ans Ziel zu gelangen. Versuchen Sie, die vielen Möglichkeiten, die sich Ihnen zeigen, zu erfassen und mit dem Band Ihrer individuellen Energie zu einem harmonischen Ganzen zu verbinden.

♥ Liebe

Sagen Sie es durch die Blume! Schenken Sie Ihrem Partner, Ihrer Partnerin doch wieder einmal einen Strauss bunter Gefühle. Zeigen Sie Ihre Zuneigung!

♣ Glück

Genießen Sie Ihr Glück jetzt, heute und genau so, wie es sich gerade darstellt. Es gibt viele Möglichkeiten, Glück zu empfinden. Manchmal ist das Glück ein Mauerblümchen, manchmal eine prachtvolle Rose.

Erfolg

Das Ziel kennen Sie. Prüfen Sie die verschiedenen Möglichkeiten. Entfalten Sie Ihre Talente und Ihre Gefühle, respektieren Sie die Gefühle und die Talente Ihrer Mitmenschen, und Ihr Erfolg wird nicht aufzuhalten sein.

10 · Sense

Traditionelle Deutung

Es droht Gefahr! Die Karte warnt vor einem Bruch, zwischen zwei Liebenden etwa oder zwischen Geschäftspartnern. In anderer Sicht gilt die Karte aber auch als Künderin von materiellem Wohlstand. Die Ernte ist eingebracht und nun bereichert der Erlös die eigene Kasse. Liegen positive Karten in der Nähe, werden die drohenden Probleme oder Gefahren zu einer guten Lösung kommen. Aktuelle Krankheiten, vorhandene Beziehungs- oder Geldprobleme können jetzt zu einem schnellen Ende kommen.

+ 3 *Schiff* oder 35 *Anker* bzw. 4 *Haus:* allgemeine Unsicherheit bzw. Kündigung des Miet- oder Arbeitsvertrages.

Moderne Symboldeutung

Die Sense ist ein uraltes, heute kaum mehr gebräuchliches Erntegerät, das in früheren Zeiten ebenso untrennbar zur Landwirtschaft gehörte wie heute Traktor und Mähdrescher.

Jetzt ist aber Sense! sagt man, wenn man von etwas genug hat, wenn eine Situation oder ein Zustand beendet werden soll. Die Sense (bzw. ihr wesentlich älterer Vorläufer, die Sichel) ist ein Symbol der unerbittlich ablaufenden Lebensperioden. Mit einer Sense schneidet der Sensenmann, der Tod, den Lebensfaden durch und beendet so das irdische Dasein. Die Sense ist damit auch ein Todessymbol, als solches aber direkt mit dem Thema Ernte verbunden.

Vor allem ist die Sense ein Erntegerät, d.h. ein Werkzeug, um die Früchte seiner Arbeit zu ernten, was gewöhnlich am Ende einer Wachstums- und Reifungsperiode geschieht. In der Sense zeigt sich die Kraft für einschneidende Veränderungen.

Jetzt ist aber wirklich Sense…

Wie sehe ich mich in Bezug zu diesem Motiv?

Bin ich mir bei meinen aktuellen Vorhaben der Chancen und Risiken bewusst?

Stehen private oder geschäftliche Partnerschaften ›auf Messers Schneide‹? Warum?

Welche Angelegenheiten sind jetzt reif für einen Abschluss?

Was will bzw. kann ich jetzt ernten?

Welchen Gewinn kann ich daraus ziehen?

Tipp

Brot kann erst gebacken werden, wenn das Getreide gemäht wurde. Halten Sie die Augen offen. Nehmen Sie Chancen wahr, aber auch Gefahren. Trennungen und Brüche gehören zum Leben. Akzeptieren Sie dies.

♥ Liebe

Was zählt für Sie letztlich in der Liebe? Was wollen Sie in der Liebe erreichen, was wollen Sie ernten? Einschneidende Fragen, die es jetzt zu klären gilt.

♣ Glück

Carpe diem! Nutze den Tag! Das Glück findet heute statt. Erkennen Sie die Chancen und die Gefahren. Beenden Sie eine Sache dann und erst dann, wenn sie reif ist. Vorher sollten Sie nichts Neues beginnen.

➚ Erfolg

Sie sind (auch) der Schnitter. Führen Sie das Erntewerkzeug und setzen Sie einschneidende Veränderungen um. Jetzt ist die Zeit dazu!

11 · Rute

Traditionelle Deutung

Zwist und Zwietracht stehen ins Haus, möglicherweise ein Familienstreit. Worum es dabei geht, zeigen die umgebenden Karten. Diese Karte zeigt auch (chronische) Krankheit und Fieber an. Möglicherweise droht ein Rechtsstreit. Es kann sich aber auch um unvorhergesehene Ereignisse positiver Natur drehen.

+ 3 *Schiff* oder 27 *Brief:* Familienzwist um eine Hinterlassenschaft oder ein Erbe; + 15 *Bär:* unerwartete Eifersucht.

Moderne Symboldeutung

Die Rute ist seit jeher mit strafenden Aspekten verbunden. Selbst wenn die Prügelstrafe heute weithin nicht mehr angewandt wird, so hat doch jedes Kind Angst vorm Knecht Ruprecht mit der Rute, der als Begleiter des Heiligen Nikolaus Strafen für ungebührliches Benehmen vollstreckt.

Die Geißelung mit Ruten war im alten Rom eine gängige Strafe und wurde u. a. auch an Christus vollzogen. Als Leidenswerkzeug ist die Rute neben Kreuz, Dornenkrone, Lanze, Stab mit Essigschwamm, Nägeln etc. daher ein Symbol der Passion Christi.

Das Wort Rute geht zurück auf das althochdeutsche *ruota*, was *Pfahl, Schandpfahl, Kreuz* bedeutete. Etwas später, im Mittelhochdeutschen, wandelt sich das Wort zu *ruote* und bedeutet *Gerte, Zuchtrute, Stange, Ruder* und auch *Zauberstab*. Dass mit diesem Zauberstab in einer späteren Phase des Mittelhochdeutschen, umgangssprachlich auch heute noch, das männliche Geschlechtsteil bezeichnet wird, liegt durchaus nahe.

Stange, Ruder (also Gegenstände, die ein Boot vorantreiben), Zauberstab und in gewisser Weise auch das Penis-Symbol *Rute* stehen aber auch für Vorankommen und Veränderung, Sich-Vorwagen in Unbekanntes, vielleicht Verbotenes (wofür unter Umständen dann die Rutenstrafe auf dem Fuße folgt), für Umwandlung und ›Verzauberung‹.

Es liegt nahe, die *Rute* in Verbindung mit dem *Stab* im Tarot zu bringen, der Kreativität, Durchsetzungskraft, Energie, Wille und Tat symbolisiert – Aspekte, die bei der *Rute* ebenfalls eine wesentliche Rolle spielen.

Was willst Du mit der Rute, sprich ...

Wie sehe ich mich in Bezug zu diesem Motiv?

Welche Streitigkeiten kann ich jetzt klären?

Haben sich in mir Aggressionen aufgestaut?

Wenn ja, wogegen und warum?

Wie kann ich diese Aggressionen kreativ umwandeln?

Welche inneren Kräfte oder Motive treiben mich an?

Tipp

Die Emotionen kommen in Wallung. Mit wem Sie auch über Kreuz liegen, langes Hinauszögern hilft da wenig, ziehen Sie die Sache durch, klären Sie, was zu klären ist und bringen Sie so Ihr Boot voran. Die Rute treibt Sie symbolisch dazu an.

♥ Liebe

In der Partnerschaft hilft nur die Diskussion, Probleme gemeinsam aus der Welt zu schaffen. Reden Sie miteinander! Wagen Sie das Unbekannte. Probieren Sie etwas Neues aus in der Beziehung oder außerhalb. Ergreifen Sie die Initiative. Lassen Sie sich verzaubern.

♣ Glück

Besinnen Sie sich auf Ihre eigene Kraft. Auseinandersetzungen müssen nicht nur negativ sein. Wenn Sie lernen, Ihre Kraft nicht gegen andere, sondern für sich einzusetzen, lacht Ihnen das Glück.

Erfolg

Suchen Sie Wege, sich aus der Sie fesselnden Situation zu befreien. Wandeln Sie aufgestaute Aggressionen um in kreative Aktionen und heben Sie die Aggressionen damit auf.

12 · Vögel

Traditionelle Deutung

Diese Karte verweist auf eine tolle Reise oder auf sehr gute Nachrichten. Es können aber auch kurzzeitige Schwierigkeiten und Unannehmlichkeiten bevorstehen bzw. die Konfrontation mit einem zu lösenden Problem.

+ 16 *Stern*: eine Reise wird ein unvergessliches Erlebnis; + 6 *Wolken:* eine Reise voller Hindernisse und Enttäuschungen; + 22 *Wege:* Ausweg bzw. Lösung für Probleme; + 23 *Mäuse:* Verlust wertvoller Gegenstände.

Moderne Symboldeutung

In der Symbolik steht der Vogel für Frohsinn, Leichtigkeit und Beweglichkeit, zudem bedeutet er Freiheit. Vögel reisen weit und sind sehr beweglich. Daher zielen sie symbolisch auf die Themen Unabhängigkeit, Freiheit, Leichtigkeit – wer aber *einen Vogel hat*, dem ist die Unabhängigkeit womöglich zu Kopfe gestiegen und er ist abgehoben.

Vögel verbinden auf Grund ihres Fluges Himmel und Erde, Götter und Menschen. Insbesondere Vögel wie die Eule oder die Taube stehen für geistige Inhalte: die Eule ist das Symbol der Weisheit, aber auch des lauernden Bösen und der Ketzerei, die Taube ist einerseits Botin des Friedens, andererseits ist sie aber auch als graue »Ratte der Lüfte«, als Krankheitsüberträgerin, negativ belastet. In der christlichen Bildlichkeit steht der Vogel für das Immaterielle, speziell für die gerettete Seele. Eine der ganz frühen und wichtigen Orakelformen war die Deutung des Vogelfluges, die Auspizien, welche von speziellen Gelehrten, den Auguren, vollzogen wurden. Die Vögel als Mittler zwischen Göttern und Menschen brachten auf diese Weise die göttlichen Botschaften zur Erde. Diese Botenrolle übernehmen Vögel auch in vielen Märchen und Liedern.

Einen bedrohlichen Aspekt nehmen die heiteren Gesellen im Hitchcock-Film *Die Vögel* an, wo sie aus scheinbar unerfindlichen Gründen aggressiv gegen Menschen reagieren. Scheinbar harmlose Tiere werden urplötzlich zur Bedrohung und so zum Sinnbild für Hysterie, Panik u.a.m. Auch mit der »Vogelgrippe« ist ein besonderes Gefahrenpotenzial verbunden.

Kommt ein Vogel geflogen...

Wie sehe ich mich in Bezug zu diesem Motiv?

Welche ›göttlichen‹ Botschaften hat mir das Vöglein gesungen?

Wann habe ich das letzte Mal etwas für meine Seele getan?

Kann ich froh und leicht in den Tag gehen? Wenn nicht, was belastet mich?

Wie kann ich diese Belastungen schnell überwinden?

Worin besteht meine persönliche Art der Herangehensweise an etwas?

Tipp

Gehen Sie mit offenen Augen und wachsam durchs Leben, aber auch mit Beschwingtheit und Frohsinn. Lernen Sie neue Leute kennen. Prüfen und deuten Sie Ihre Gedanken.

♥ Liebe

Wer jetzt an das eine denkt – hat völlig Recht. Vögel haben auch einen deutlich erotischen Aspekt, und womöglich geht's heute tatsächlich ums »*Vögeln*«! Genießen Sie die Leichtigkeit des Seins.

♣ Glück

Lösen Sie sich von eingefahrenen Denkmustern. Es schadet auch nicht, ab und zu einmal etwas abzuheben, denn nur wer sich über die Dinge erhebt, kann Sie überblicken.

Erfolg

Verscheuchen Sie sinnlose Gedanken. Wahrscheinlich *schießen* Sie ja genau mit Ihrer Art der Herangehensweise an anstehende Probleme *den Vogel ab*, sprich, Sie haben großen Erfolg damit.

13 · Kind

Traditionelle Deutung

Schöne Erlebnisse mit vielen Menschen, man befindet sich in guter Gesellschaft. Die Karte kann auch für Trost im Alter durch (Enkel-) Kinder bzw. Ermutigung in und Linderung von schwierigen Umständen bedeuten und somit auch für Hoffnung stehen. Als Ankündiger einer Erneuerung lässt sich die Karte in der unmittelbaren Nähe der Signifikatorkarten deuten, wobei die weiteren Umgebungskarten definieren, worin die Erneuerung bestehen wird.

Moderne Symboldeutung

In der allgemeinen Symbolik steht das Kind zunächst für Unbekümmertheit, Unbefangenheit, Unschuld und Wahrheit. Diese paradiesische Unschuld wird in der späteren christlichen Kunst in kindliche Engeldarstellungen (Putten) hineininterpretiert, die ihrerseits aber auf Vorbilder der Spätantike zurückgehen. Der Wahrheitsaspekt lässt sich etwa in der Redewendung *Kinder und Narren sprechen die Wahrheit* wiederfinden.

Das Kind ist auch ein positives Symbol des Beginns und der Fülle der Möglichkeiten (*etwas steckt noch in den Kinderschuhen*, kann und wird also noch seinen Weg machen). All dies hat auch mit Hoffnung zu tun. Dieser Aspekt des Symbols Kind steckt etwa in der Redewendung *guter Hoffnung sein* als Synonym für schwanger sein.

In der psychoanalytischen Traumdeutung kann das Kind als Hinweis auf Unreife und fehlende Vollendung, ja, als Widerstand gegen das Erwachsenwerden gewertet werden, aber auch Zuwachs, Produktivität und Neuanfang bedeuten. Ein Traumkind zeigt die Wesensteile, die erwachsen werden sollen. Wenn das geträumte Kind krank ist, dann deutet dies auf seelische Bedürfnisse und Mängel hin.

Als Hinweis auf Lebenskraft und Daseinsfreude gilt das gesunde Kind. Bei C. G. Jung steht das Kind symbolisch für das Selbst und für die spontanen, emotionalen und spirituellen Anteile der menschlichen Persönlichkeit, auch als *inneres Kind* bezeichnet.

So ihr nicht werdet wie die Kinder…

Wie sehe ich mich in Bezug zu diesem Motiv?

Was an mir oder der aktuellen Situation ist noch unreif, unvollendet?

Wie kann ich das weiterentwickeln?

In welchem Bereich will ich einen Neuanfang wagen?

Welche kreativen Kräfte stecken noch in mir?

Wie kann ich diese nutzen?

Tipp

So viele Chancen, so viele Möglichkeiten: Verschließen Sie sich nicht. Geben Sie Ihren Wünschen, Ihren Gefühlen und Ihren spirituellen Bedürfnissen die Chance und den Freiraum, sich zu entwickeln.

♥ Liebe

Etwas oder jemand in Ihrer Umgebung oder in Ihnen (Ihr inneres Kind) braucht mehr Aufmerksamkeit. Kümmern Sie sich …

♣ Glück

Gehen Sie unbeschwert auf Dinge und Personen zu. Gehen Sie mit Umsicht und Vertrauen an die Zukunft heran und wie Sie innerlich und äußerlich wachsen und reifen, wird auch Ihr Glück mit Ihnen wachsen und gedeihen.

Erfolg

Sie lernen gerade den Ernst des Lebens kennen. Jetzt müssen Sie lernen, Ihre Kreativität zu begreifen, zu zähmen und zielorientiert einzusetzen. Bringen Sie jetzt das auf die Welt, mit dem Sie schon lange schwanger gehen …

14 · Fuchs

Traditionelle Deutung

Der *Fuchs* steht seit der Antike für Schlauheit und Gewieftheit, aber auch für Hinterlist, also negativ gezielte Schlauheit. Die Karte ist insbesondere dann eine Warnung, wenn man etwas Neues vorhat. Achten Sie genau darauf, mit wem Sie sich einlassen. Seien Sie nicht zu vertrauensselig und achten Sie auf Doppeldeutigkeiten. Sie müssen selbst sehr raffiniert vorgehen, um Vorhaben durchzusetzen.

+ 19 *Turm:* juristische Probleme; + 22 *Berg:* starke Gegenspieler; + 22 *Weg:* Schlauheit aufwenden, um Auswege zu finden; + 24 *Herz:* Aufrichtigkeit von Gefühlen ausloten.

Moderne Symboldeutung

In den europäischen Kulturen gilt der Fuchs allgemein als Symbol der Klugheit, List und Tücke, wobei die Bewertung zwischen Bewunderung (*schlau wie ein Fuchs*) und Abscheu (Fuchs als Dieb; *stinken wie ein nasser Fuchs*) schwankt. In der Volkstradition macht seine feuerrote Fellfarbe den Fuchs ebenso wie andere rot befellte Tiere, etwa Eichhörnchen oder Luchs, zu einem Satanstier. Zugleich gilt er als besonders wollüstiges Tier. Ein Fuchsschwanz am Arm oder am Hut getragen (heute eher an den Antennen gewisser Automobile) gilt als Signal (männlicher) sexueller Potenz.

In seinem Gedicht *Reineke Fuchs* adaptierte Goethe die niederdeutsche Vorlage und verhalf so dem Bild des Fuchses als raffiniertem Lügner zu hochliterarischem Status.

In der Traumsymbolik steht der Fuchs für die Klugheit unserer Instinkte, aber auch für Berechnung, List, Schläue und Geschicklichkeit. Ist er im Traum tollwütig, dann geht es um unkontrollierte Instinkte.

Ein schlafender Fuchs fängt kein Huhn...

Wie sehe ich mich in Bezug zu diesem Motiv?

Welche möglichen Gefahren / Schwierigkeiten sollte ich vor dem Beginnen von etwas Neuem beachten?

Achte ich auf meine Instinkte und auf meine Intuition?

Bin ich zu vertrauensselig?

Wem kann ich vertrauen?

Welches wäre ein kluger Ausweg aus der aktuellen Situation?

Tipp

Achten Sie auf Widersprüche zwischen Worten und Taten. Lernen Sie, zwischen den Zeilen zu lesen. So entdecken Sie verborgene Motive!

♥ Liebe

Enttäuschungen gehören zur Liebe wie die Freuden inniger Zuneigung. Wir alle erleben dies. Immer wieder. Und trotzdem: Was wäre das Leben ohne Liebe? Ohne die Schmetterlinge im Bauch, ohne die Tränen? Seien Sie offen in Ihren Beziehungen, aber nicht zu vertrauensselig.

♣ Glück

Ein nicht gesagtes Wort an passender Stelle hilft manchmal mehr als eine eloquent vorgetragene Schwindelei. Wer andern eine Grube gräbt, landet irgendwann selbst darin. Taktisch klug, strategisch ehrlich und optimistisch, so wird's was!

Erfolg

Füchse fängt man mit Füchsen. Schlagen Sie Gegenspieler mit ihren eigenen Waffen. Manchmal hilft eine kleine List oder ein Trick, damit Ihr Plan aufgeht. Sie müssen ja nicht gleich lügen und betrügen. Achten Sie auf »Kollegen«, die nicht mit offenen Karten spielen …

15 · Bär

Traditionelle Deutung

Der *Bär* steht für Stärke und Glück, was viele Mitmenschen in Ihrer Umgebung missgünstig, neidisch und eifersüchtig macht. Hüten Sie sich davor, Menschen zu schnell Ihr Vertrauen zu schenken und zu viel aus Ihrem Privatbereich auszuplaudern. Doch manchmal versucht man auch selbst einen Keil zwischen einen Mann und eine Frau oder zwischen Geschäftspartner zu treiben. Doch reizen Sie den Bären nicht zu sehr: ein Schlag mit seiner Pranke genügt und alles, was sich ihm in den Weg stellt, ist weggeschleudert.

Moderne Symboldeutung

Die symbolische Spannbreite des Bären ist begrenzt. In den Mythen der nordamerikanischen Indianer und der nordasiatischen Völker spielt er wegen seiner menschenähnlichen Gestalt eine gewisse Rolle als Totem- oder Krafttier. Die griechische Mythologie kennt die Geschichte von Kallisto, welche von Zeus geschwängert und deswegen von ihrer Herrin in eine Bärin verwandelt und später zusammen mit ihrem Sohn Arkas als Großer und Kleiner Bär an den Sternenhimmel versetzt wird.

In der nordischen Mythologie symbolisiert der Bär vor allem weibliche, mütterliche Eigenschaften. Im Zusammenhang mit dem Jagdkult wurde seine besondere Stärke bewundert. In der christlichen Symbolik tritt der Bär eher als anekdotische Figur in Heiligenlegenden auf.

Die psychologische Symboldeutung interpretiert den Bären als Verkörperung von Gefahr, auch von Kraft, Gutmütigkeit, Gemütlichkeit und Niedlichkeit (Teddybär) und Dummheit und Täuschung (*einen Bären aufbinden*). Die moderne Traumdeutung sieht im Bären einerseits ein Symbol gewaltiger Kräfte *(ein Mensch mit Bärenkräften),* häufiger wird er jedoch wegen seines weichen, wärmenden Fells mit weiblichen, mütterlichen Aspekten in Verbindung gebracht.

Da ist der Bär los...

Wie sehe ich mich in Bezug zu diesem Motiv?

Schätze ich meine Kräfte richtig ein?

Gibt es in mir unbeherrschte Triebe oder Verhaltensweisen (Jähzorn, physische Aggressionen o. ä.)?

Wie kann ich diese steuern?

Bin ich neidisch? Wenn ja, auf wen oder was und vor allem warum?

Wie steht es mit meiner Teamfähigkeit?

Tipp

Zeigen Sie jetzt den Mut, der in Ihnen steckt. Zeigen Sie in der anstehenden Angelegenheit Stärke und vertrauen Sie auf sich selbst und Ihre innere Kraft.

❤ Liebe

Nehmen Sie auch die ungestümen, wilden, urkräftigen Aspekte Ihres Selbst bewusst wahr. Die Instinkte, die Triebe, auch die sexuellen Triebe, wollen gelenkt und gebändigt, zielgerichtet werden.

♣ Glück

Versuch's mal mit Gemütlichkeit – Balu, der gütige Bär aus dem Dschungelbuch, wusste, wie man es auch machen kann. Lassen Sie sich keinen Bären aufbinden und bleiben Sie ganz Sie selbst: bodenständig und kraftvoll.

Erfolg

Nutzen Sie Ihre Bären-Kräfte! Es sind genug Reserven da, Sie brauchen Sie nur bewusst einzusetzen! Wie wär's mit einem Schritt in die Selbständigkeit?

16 · Stern

Traditionelle Deutung

Gute Geschäfte und Erfolg bei der Umsetzung von Erwartungen und Wünschen. Sie sind in der Lage, die Sterne vom Himmel zu holen. Doch Vorsicht, wenn Sie beim Sternepflücken den Boden unter den Füßen verlieren. Bleiben Sie lieber auf dem Teppich. Seien Sie dankbar, wenn sich Tagträume tatsächlich realisieren.

+ 6 *Wolken:* getrübte Aussichten, Unklarheit; + 34 *Fische:* Wohlstand und finanzielle Sicherheit.

Moderne Symboldeutung

Die Sternensymbolik ist vielfältig und, naturgemäß, weltumspannend. Hier nur eine kleine Auswahl der vielen symbolischen Aspekte. Schlagen Sie weitere in einem guten Symbollexikon nach.

Alle Kulturen und Völker sehen in den Sternen Zeichen der Götter, Sinnbilder der kosmischen Ordnung und Schönheit. In vielen Mythen sind Sterne die Seelen der Verstorbenen, welche das *Licht von oben* auf die Erde werfen und den Lebenden leuchtende Wegweiser sind.

Jüdische Mythen sehen jeden der zahllosen Sterne als von einem Engel behütet und als Symbol der unzählbaren Nachkommenschaft des Stammvaters Abraham. In christlichen Darstellungen stehen abgebildete Sterne immer für himmlische Ereignisse. Der Stern von Bethlehem beispielsweise führte die Weisen aus dem Morgenland zur Krippe mit dem Jesuskind.

Der auch Drudenfuß genannte fünfzackige Stern, das Pentagramm, ist zum einen ein segensreiches magisches Zeichen und Symbol des Menschen (goldener Schnitt), aber auch ein Zeichen für negativ geleitete Kräfte. Sterne stehen für Schönheit, für den Kosmos, für Hoffnung und Lebensträume.

Sternbilder dienten und dienen den Seefahrern als Orientierung. Besonders fasziniert waren und sind die Menschen von der Venus, die einmal als Morgenstern und einmal als Abendstern unsere Herzen erleuchtet.

Seht Ihr die Sternlein prangen…

Wie sehe ich mich in Bezug zu diesem Motiv?

Wo steht mein Leitstern?

Bin ich noch auf meinem richtigen Kurs?

Sehe ich den Himmel vor lauter Sternen nicht?

Sind meine Erwartungen erfüllbar oder hege ich Illusionen?

Wie sehen meine nächsten Ziele aus?

Tipp

Jeder Mensch ist ein Stern, hat seine eigene Schönheit, seine eigene Wahrheit. Welches ist Ihre Wahrheit? Klären Sie Ihre (Lebens-) Träume und tun Sie aktiv etwas für deren Umsetzung.

❤ Liebe

Liebe ist … wenn zwei Sterne zueinander finden. Jeder leuchtet für sich und zusammen erleuchten Sie die Nacht. Kompromisse müssen sein, auch in einer Beziehung. Doch bleiben Sie Sie selbst und stellen Sie Ihr Licht nicht unter den Scheffel.

♣ Glück

Gehen Sie voll Zuversicht voran. Keine Angst, die Sterne zeigen Ihnen den Weg.

➶ Erfolg

Folgen Sie Ihrem eigenen (Leit-)Stern. Lassen Sie sich von vorüberziehenden Wolken nicht verunsichern.

17 · Storch

Traditionelle Deutung

Ein Umzug steht ins Haus oder ein neuer Job, möglicherweise beides, wenn das eine das andere bedingt. Der Storch bringt ja die Kinder, also stellen Sie sich auf Nachwuchs ein. Und das erklärt dann auch die völlige Umstellung Ihrer bisherigen Lebens- und Arbeitssituation, welche diese Karte ankündigt. Möglicherweise besteht die Veränderung aber auch nur aus einer Renovierung Ihrer Wohnung oder Ihres Büros.

Moderne Symboldeutung

Im christlichen Kontext ist der Storch ein Verweis auf Christus, der, wie der Storch die Schlangen, die satanischen Geschöpfe vernichtet. Weil der Storch als Zugvogel im Winter gen Süden zieht und im Frühjahr zurückkehrt, wird er in Europa auch mit Reiselust und Fernweh in Verbindung gebracht.

Die regelmäßige Wiederkehr im zeitigen Frühjahr macht ihn in nordischen Ländern zum Sinnbild des Lebens, der Geburt und Auferstehung. In diesem Zusammenhang steht auch seine Funktion als Kinderbringer. Meist wird der Storch hier als Klapperstorch bezeichnet, der die Kinder aus dem Teich holt. Dahinter verbirgt sich die Vorstellung der Wasser der Schöpfung, welche neues Leben hervorbringen. So kann der Storch auch einen Kinderwunsch oder den Wunsch nach einer Familie bedeuten.

Die Antike sieht im Storch ein Symbol der Fruchtbarkeit und der Kindesliebe, da eine Legende erzählt, wie ein Storch seinen greisen Vater ernährt.

In der Weissagung gilt der Storch als Symbol langen Lebens und Wohlstands, denn wer das Glück hat, dass Störche ihr Nest auf seinem Schornstein bauen, wird lange leben und reich werden. Zudem schützt ein Storch auf dem Dach angeblich vor Blitz und Feuer. Herrscht Unstetigkeit und/oder Unfrieden in dem Haus, auf dem er nistet, dann verlässt er Nest und Haus.

Hat mich der Storch ins Bein gebissen…

Wie sehe ich mich in Bezug zu diesem Motiv?

Bin ich auf äußere oder innere Veränderungen vorbereitet?

Wie gehe ich mit meinen Hoffnungen und Ängsten bezüglich einer Veränderung um?

Was bedeutet Familie für mich?

Will ich Kinder haben?

Wie sehen meine ferneren Ziele aus?

Tipp

Veränderungen bereichern das Leben, auch wenn sie zunächst Angst machen und immer für (vorübergehende) Unruhe und Stress sorgen. Haben Sie in solchen Phasen Geduld, wie der Storch, der im Wasser auf Beute wartet.

♥ Liebe

Man muss viele Frösche küssen, bis man einen Prinzen findet – Sie haben ihn vermutlich gerade gefunden. Nun kann es ganz schön turbulent werden. In bestehenden Beziehungen regt der Storch dazu an, die Liebe neu zu beleben. Werben Sie umeinander, wie damals, als alles begann …

♣ Glück

Wer weiß, wofür es gut ist … Der nächste Frühling naht – und damit die Chance zu einem Neuanfang. Alles neu macht der Mai!

➚ Erfolg

Ein sehr positives Zeichen, wenn Sie bereit sind, sich zu wandeln und zu wachsen. Lassen Sie sich doch mal etwas Neues einfallen. Klappern gehört zum Handwerk.

18 · Hund

Traditionelle Deutung

Ein Treuebeweis, wahre Freundschaft, Geborgenheit und Schutz im Freundeskreis oder bei einem guten Freund. In negativer Kartenumgebung und entfernt von der Signifikatorkarte aber das Gegenteil: Untreue. Achten Sie immer darauf, ob diejenigen, die sich als Ihre Freunde ausgeben, auch wirklich vertrauenswürdig sind. Eine falsche Einschätzung kann Sie schneller als Ihnen lieb ist in eine schwierige oder gar gefährliche Situation bringen.

+ 7 *Schlange,* 6 *Wolken* oder 10 *Sense:* Untreue droht.

Moderne Symboldeutung

Des Menschen bester Freund ist der Hund, heißt es. Wie sein Stammvater, der Wolf, hat auch der Hund eine ambivalente symbolische Bedeutung.

Auf Grund ihrer ausgeprägten Sinne (Geruch, Gehör) sind Hunde in der Lage, Menschen, Tiere und Gegenstände mitunter früher und besser wahrzunehmen als wir. Diese Instinktstärke wird vom Menschen gerne genutzt (Lawinenhunde usw.) und wegen dieser Fähigkeiten gilt der Hund als idealer Wegweiser und Warner vor Gefahren. Dann wieder symbolisiert der Hund gerade auch den Verlust von Urinstinkten. Er ist domestiziert, abgerichtet und ›hündisch‹ ergeben. Diese Aspekte wiederum werden eher als negativ angesehen.

Als wohl ältestes Haustier der vertraute Begleiter des Menschen, ist er auch der Wächter der Toten (Zerberus, der Höllenhund) und als Führer der Seelen Mittler zwischen den Welten der Toten und Lebenden (z.B. als hundeköpfiger Gott Anubis in der ägyptischen Mythologie). Und zugleich steht er auch für das Böse, Niedrige und Verachtenswerte. Dies gilt insbesondere für schwarze Hunde, die als Begleiter von Hexen, Magiern und Dämonen galten. *Du dreckiger Hund* ist fast weltweit ein Schimpfwort.

Seine sprichwörtliche Treue macht den Hund weit verbreitet zum Sinnbild der Treue und Wachsamkeit. In der modernen Traumsymbolik steht der Hund für das Animalische, den Instinkt, auf den sich das Bewusstsein besinnen soll.

Wann ist ein Freund ein Freund …

Wie sehe ich mich in Bezug zu diesem Motiv?

Welche Rolle spielen Freunde, spielt Freundschaft in meinem Leben?

Habe ich (genügend) wirkliche Freunde?

Können meine Freunde mir ganz offen und ehrlich die Wahrheit sagen, auch wenn sie schmerzt?

Bin ich selbst ein guter Freund?

Welche Bedeutung haben Treue und Untreue für mich?

Tipp

Freunde in der Not gehen hundert auf ein Lot, weiß der Volksmund schon lange. Seien Sie bei Freundschaften durchaus wählerisch und wachsam. Halten Sie an wirklichen Freunden fest und seien Sie vor allem selbst anderen ein ehrlicher und treuer Freund.

♥ Liebe

Eines zählt in der Liebe ganz besonders: Offenheit und Wahrhaftigkeit. Nicht der ist ein guter Partner, der zu allem Ja und Amen sagt, der Ihnen ›ergeben‹ ist. Liebe braucht (wie Freundschaft auch) konstruktive Auseinandersetzungen.

♣ Glück

Sie haben ein gutes Näschen für Ihr persönliches Glück – wer sonst könnte herausfinden, was Sie glücklich macht? Vertrauen Sie auf Ihre »Nase«, Sie haben die Fährte ja schon aufgenommen …

Erfolg

In der aktuellen Situation gilt es herauszuschnüffeln, *wo der Hund begraben liegt*, sprich, herauszufinden, wo der entscheidende Punkt der Schwierigkeit liegt, oder um mit Goethe zu sprechen: wo des Pudels Kern liegt. Vielleicht greift Ihnen ja ein guter Freund dabei unter die Arme …

19 · Turm

Traditionelle Deutung

In der Nähe der Signifikatorkarte kündet der *Turm* von einem langen Leben. In negativer Kartenumgebung bedeutet er das Gegenteil. Der *Turm* deutet aber auch auf einen ausgeprägten und starken Willen des Fragenden hin, der große Erwartungen an das Leben hat und alles daran setzen wird, sein Ziel zu erreichen. Solcher Eifer, solcher Ehrgeiz kann aber auch einsam machen. Ein zu forsches Tempo geht auf die Gesundheit.

+ 6 *Wolken:* unverhoffte Krankheit; + 5 *Baum:* auf die Gesundheit achten; + 24 *Herz:* Einengungen in der Partnerschaft.

Moderne Symboldeutung

Kirchturm, Leuchtturm, Elfenbeinturm, Hungerturm, Schuldturm, Turm von Babylon: Alles im wahrsten Sinne des Wortes herausragende Bauwerke, die jedoch nicht alle gleich positiv belegt sind.

Als Bindeglied zwischen Himmel und Erde, als Fingerzeig auf die göttliche Herrlichkeit, zieren Türme die Gotteshäuser fast aller Religionen. Ob christliche Kirchtürme, Minarette von Moscheen oder Pagoden im Buddhismus, allesamt sind es Marksteine des Glaubens der jeweiligen Religion.

Leuchttürme leiten die Seeleute übers Meer und stehen so symbolisch für sichere Fahrt und glückliche Heimkehr. Wachtürme als Aussichtsplattformen in die Umgebung versprechen Sicherheit und Schutz, die Chance auf rechtzeitiges Erkennen feindlicher Angreifer. Andere Assoziationen wecken da *Elfenbeintürme* oder Schuld- und Hungertürme. Gefangenschaft, Unfreiheit und Isolation steht hinter diesen Turmsinnbildern.

In der modernen Traumdeutung wird der Turm zumeist als Phallussymbol, aber auch als Ort, von wo aus man Übersicht gewinnen kann (muss) und als Signum der Macht gedeutet. Türme werden mit dem Streben nach Geltung verbunden, können aber auch für ›herausragende‹ Eigenschaften stehen. Die Gefangenschaft in einem Turm wird als sexuelle Hemmung interpretiert.

Wer über den Dingen steht, sieht mehr ...

Wie sehe ich mich in Bezug zu diesem Motiv?

Bin ich ausreichend auf unvorhergesehene Ereignisse vorbereitet?

Wenn nicht, wie kann ich mich vorbereiten?

Wer oder was könnte mir einen Überblick über die aktuelle Situation und ihre Folgen verschaffen?

Bin ich offen für Neues oder ziehe ich mich in meinen Elfenbeinturm zurück?

Tipp

Sie selbst sind der Wächter über Ihr Leben. Nur wer weiß, was auf ihn zukommt, kann rechtzeitig handeln. Handeln Sie dann vorausschauend, sorgen Sie für die Unwägbarkeiten des Lebens bestmöglich vor.

♥ Liebe

Gute Aussichten: Sehen Sie den Turm als Signal, Wunsch und Wirklichkeit miteinander zu verbinden. Wohin wollen Sie, wie kommen Sie dahin? Bleiben Sie dabei ganz Sie selbst. Sie sind einzigartig, so wie Sie sind.

♣ Glück

Wer auf sein Glück wartet, ist sich seines Abendbrotes nicht sicher. Handeln Sie, damit Sie bereit sind, wenn das Glück anklopft. Man kann seinem Glück durchaus auf die Sprünge helfen: Klären Sie jetzt Ihre langfristigen Ziele und beginnen Sie mit dem Weg dorthin.

Erfolg

Letztlich gibt es nur einen, auf *den Sie Türme bauen können*, das heißt, dem Sie absolut vertrauen können: Sie selbst. Verschaffen Sie sich die notwendigen Informationen und damit einen Überblick. Dann handeln Sie ohne zu zögern!

20 · Garten

Traditionelle Deutung

Diese Karte kündigt im positiven Sinne eine angenehme und wichtige Gesellschaft an, in die man gelangt. In negativer Sicht warnt sie vor falschen Freunden und Schmeichlern. Zudem steht die Karte für vielgestaltige Kreativität. Schließlich verspricht die Karte auch eine Freundschaft, die ein Leben lang hält. Die Chance besteht nun, in einflussreiche, wohlhabende und interessante Kreise zu gelangen.

+ 3 *Schiff* und / oder 31 *Sonne:* Erholungsreise ans Meer oder übers Meer; + 27 *Brief:* Einladung zu einer gesellschaftlichen Veranstaltung.

Moderne Symboldeutung

Der Garten ist als Symbol überwiegend positiv besetzt. Vom urwüchsigen, wilden Wald führt der Weg der Kultivierung des Menschen (hier tatsächlich im Doppelsinn von Selbstkultivierung und Kultivierung der Umgebung zu verstehen) zum Garten: künstlerische Natur und natürliche Kunst.

Ein Ort des Friedens, ein umzäunter Raum der Sicherheit. Der Garten ist ein Ort, der durch eine schützende Begrenzung von der ›wilden‹ Umgebung abgetrennt ist. Hier kann in Ruhe gedeihen, was außerhalb gefährdet wäre. Eine Insel der Seligen. Und als Erinnerung an die erste, verlorene Insel der Seligen, das Paradies, ist auch der Garten in der christlichen Ikonografie zu sehen. *Paradies* ist dabei eine Metapher für den Zustand, in dem Wünsche und Ängste aufgehoben sind. In der Gartenarchitektur ist der Garten Sinnbild für die Kultivierung des Lebens.

Die höchste Blüte erlebte die Gartenkunst in China und Japan, wo Natur künstlich derart perfekt inszeniert wurde und wird, dass die Kunst die Natur noch übertrifft. Hier symbolisiert der Garten die Ganzheit der Welt und des Kosmos, verkörpert das Prinzip des Yin und Yang.

In der modernen Traumsymbolik gilt der Garten als Ort des Wachstums und der Entwicklung. In moderner Sicht hat der Garten, insbesondere der Schrebergarten, aber auch einen negativen Aspekt, in dem Spießigkeit, Engstirnigkeit und kleingeistige, falsche Idylle anklingen.

Jeder Garten ein Paradies im Kleinen ...

Wie sehe ich mich in Bezug zu diesem Motiv?

Habe ich die Möglichkeit für einen Rückzug (äußerlich und innerlich), um mich vom Alltag zu erholen?

Wie sieht für mich das Paradies aus?

Kann ich den Augenblick in vollen Zügen genießen?

Wenn nicht, was hindert mich daran?

Was kann ich tun, um mich zu ›kultivieren‹?

Tipp

Genießen Sie all die positiven Gedanken, die Sie mit einem schönen Garten verbinden. Schöpfen Sie Kraft und laden Sie Ihre ›Batterien‹ auf. Schaffen Sie sich einen solchen geschützten Rückzugsraum, äußerlich und innerlich.

♥ Liebe

Es ist, was es ist, sagt die Liebe. Idealerweise heben sich in der Liebe alle Ängste, alle Wünsche auf: Liebe ist! Genießen Sie die Augenblicke, in denen Sie einen Blick in dieses Paradies werfen dürfen.

♣ Glück

Welche Kriterien sollten erfüllt sein, damit Sie Ihr Leben als ein ›geglücktes‹ Leben ansehen können? Säen Sie, jäten Sie, genießen Sie, damit Sie am Ende Ihre Ernte einbringen können …

➶ Erfolg

Gehen Sie auf Menschen zu (Kunden, Publikum, Zielgruppen etc.). Nutzen Sie Ihre soziale Kompetenz zum Auf- und Ausbau persönlicher und beruflicher Netzwerke.

21 · Berg

Traditionelle Deutung

Der *Berg* steht für ein festes Ziel, das Erreichen eines Ziels nach intensiver geistiger Anstrengung. In negativer Umgebung drohen schier unüberwindliche Schwierigkeiten, Widerstände und damit einhergehend Gefühle der Niedergeschlagenheit, Resignation und Einsamkeit. Nahe an der Signifikatorkarte warnt die Karte vor einer gefährlichen Situation bzw. einem feindlich gesinnten Menschen.

+ 3 *Schiff:* Hindernisse während einer Reise; + 5 *Baum:* Gesundheitsprobleme; + 22 *Weg:* schwerer Gang/schwere Entscheidung.

Moderne Symboldeutung

Seit jeher und fast in allen Kulturen gilt der Berg als Bindeglied zwischen Himmel und Erde. Gebirge galten als die tragenden »Säulen des Himmels« oder als Dach der Welt. Ob Fujiyama (Japan) oder Olymp (Griechenland), die Götter spielten im Zusammenhang mit Bergen immer eine Rolle, sei es, dass sie dort oben wohnten oder dort geboren wurden.

Berge bilden in den unterschiedlichen Mythologien den Mittelpunkt oder die Achse der Erde, den Nabel der Welt oder gar das Zentrum des Weltalls. Göttliche Botschaften oder Offenbarungen wurden gerne auf Bergen überreicht (Moses, Johannes) und der wohl wichtigste Text des Neuen Testaments wurde auf einem Berg gesprochen: die Bergpredigt (Mt. 5,7).

Im Volksglauben sind Berge auch die Wohnstätten von allerlei Geistern, Zwergen oder Riesen, die sich zumeist natürlich am Fuße oder im Berg, in Höhlen, den Sinnbildern des Numinosen, aufhalten. So symbolisiert die erfolgreiche Besteigung auch den Sieg über sich selbst.

Ähnlich wie der Turm ermöglicht der Berg, Überblick zu erlangen, über der Situation zu stehen. Zugleich bedeutet er aber auch Mühsal und Schwierigkeiten, massive Hindernisse und Einsamkeit. Einen Berg zu besteigen, deutet man als Lösung für ein wichtiges Problem.

Im Frühtau zu Berge wir zieh'n ...

Wie sehe ich mich in Bezug zu diesem Motiv?

Sehe ich Schwierigkeiten als Hindernis oder als Herausforderung?

Wie kann mir eine andere Betrachtungsweise weiterhelfen (Perspektivenwechsel)?

Was blockiert mich? Was motiviert mich?

Wie kann ich mir einen Überblick verschaffen?

Wie komme ich praktisch oder im übertragenen Sinne zum Gipfel?

Tipp

Wenn Sie wie der Ochs' vorm Berge stehen, sind Sie offenbar noch nicht über'n Berg. Halten Sie jetzt mit nichts hinterm Berg, versprechen Sie anderen und sich aber auch keine goldenen Berge.

❤ Liebe

Der Berg, traditionell primär ein Hindernis, wird in der modernen Deutung durchaus auch positiv gesehen. Er birgt mannigfaltige Schätze, und (gemeinsam) den Gipfel zu erreichen, ist ein überaus beglückendes Erlebnis.

♣ Glück

Schwierigkeiten zu meistern, dauert manchmal eine Weile und ist immer mit körperlichen oder geistigen Mühen verbunden. *Wenn der Berg nicht zu Propheten kommt, dann muss der Prophet eben zum Berg gehen ...*

➚ Erfolg

Die Menschen stolpern nicht über Berge, sondern über Maulwurfshügel (Konfuzius). Hindernisse zu überwinden ist eine immer wiederkehrende Herausforderung, der auch Sie sich in der jetzigen Situation mal wieder stellen müssen. Achten Sie dabei auf die scheinbar kleinen Dinge.

22 · Weg

Traditionelle Deutung

Diese Karte kündet von anstehenden Entscheidungen. Die Weg-Karte sollte auch anregen, über den Sinn des (eigenen) Lebens und den Tod nachzudenken. Wenn die Karte weit von der Signifikatorkarte entfernt liegt, dann wird man aufgefordert, sich auf die Suche nach neuen Wegen zu machen, nach Auswegen aus der aktuellen Situation zu suchen.

+ 2 *Klee:* der richtige Weg; + 6 *Wolken:* Rückschläge; + 8 *Sarg:* Erbschaft; + 14 *Fuchs:* Vorsicht Falle; + 26 *Buch:* geistige Werte.

Moderne Symboldeutung

Der Weg ist ein vielschichtiges Symbol, welches mit Themen wie Suche, Nachfolge, Flucht, Reise (nach innen und außen), Er-*fahr*-ungen zu tun hat. Der Weg als Symbol des Lebenslaufes ist alt. Viele Religionen sehen sich als Wege zu Gott. Religiöse Rituale, Gebete und Zeremonien sind darin Wege der Reinigung und Erleuchtung.

Wie bedeutungsvoll der Weg in seiner vielschichtigen Symbolik für uns ist, zeigt die Vielzahl von Wegen, die uns im täglichen Sprachgebrauch begleiten: Königswege, Scheidewege, Reisewege, Kreuzwege, Holzwege, Irrwege, Labyrinthe. Der Duden 11 (Redewendungen) listet 58 Redewendungen auf, die mit dem Weg zu tun haben. Dabei bewegt sich die Ambivalenz der Weg-Symbolik zwischen »Der Weg ist nichts, das Ziel ist alles« (Franz Kafka) und »Der Weg ist das Ziel« (Konfuzius).

In der christlichen Tradition (aber auch in anderen) ist das Zwei-Wege-Motiv von besonderer Bedeutung. Hier steht die Alternative, aber auch die Notwendigkeit der Entscheidung im Vordergrund, den *Weg der Gerechten* oder *den Weg der Frevler* (Ps. 1,6) zu gehen.

Insbesondere solche Wegkreuzungen und Wegweiser deuten auch in der Traumsymbolik auf anstehende Entscheidungen, den eigenen Weg, auch auf den Begriff des ›Eigenen‹ überhaupt hin.

Bleiben Sie nicht auf halbem Wege stehen …

Wie sehe ich mich in Bezug zu diesem Motiv?

Welche Informationen brauche ich für meine Entscheidung?

Welche Entscheidungsmöglichkeiten habe ich?

Welche Wegweiser / Ratgeber können mir helfen?

Wie kann ich Zweifel aus dem Weg räumen?

Welcher ist mein eigener Weg und wie kann ich ihn gehen?

Tipp

Wie soll es weitergehen, materiell und seelisch? Sie müssen sich entscheiden. Man geht im Leben manchen Irrweg, gerät in manche Sackgasse, muss auf halbem Wege kehrt machen, weil sich der Weg als nicht gangbar herausstellt. That's life!

♥ Liebe

Der Weg entsteht beim Gehen (wieder Franz Kafka). Genauso ist es mit der Liebe. Sie entwickelt sich, solange man sich ihr widmet! Also beschäftigen Sie sich mit der Liebe, setzen Sie sich in und mit Ihrer Beziehung auseinander!

♣ Glück

Nicht alle Wege führen nach Rom, viele zum persönlichen Glück. Ziel ist es, den eigenen Weg im Leben zu finden und den findet man nicht unbedingt, wenn man in die Fußstapfen anderer tritt.

Erfolg

Die Qual der Wahl ist vor allem die Chance zur Wahl! Seien Sie froh, dass Sie die Wahl haben und selbst entscheiden können, so schwierig Ihnen die Situation im Moment auch vorkommen mag. Der Verstand ist gefragt. Die berühmten drei Schritte: Beobachtung, Analyse, Entscheidung.

23 • Mäuse

Traditionelle Deutung

Diese Karte steht für Verlust und Diebstahl. Mit raffinierten Methoden wird man versuchen, Sie materiell zu erleichtern. Doch es gibt auch positive Aspekte: Je nach Umgebungskarten kann auch der Verlust von etwas angekündigt werden, das Sie gerne loswerden.

+ 34 *Fische:* insbesondere Geldverlust.

Moderne Symboldeutung

Mäuse sind ständige Begleiter des Menschen, klein und meistens unsichtbar, was sie auch zu Symbolen des Unsichtbaren, des Schattens macht. Ob allein oder in Massen: Mäuse können Unmengen an Lebensmitteln vernichten, d. h. auffressen oder mit ihrem Kot und Urin ungenießbar machen. In früheren Zeiten führte das immer wieder zu Hungersnöten, was ebenso zu ihrem negativen Image beitrug wie die durch sie übertragenen Krankheiten und Seuchen.

Als Nagetiere beißen sie sich überall durch und entwischen durch noch so kleine Löcher. Diese huschende, heimliche Lebensweise machte sie im Volksglauben zu Verkörperung von Seelen Verstorbener (*mausetot*).

In vielen Darstellungen der indischen Kultur reitet der elefantenköpfige Ganesha, Gott des Wohlstandes und des Gedeihens, auf einer Maus. Maus und Elefant verkörpern die Macht Ganeshas, jedes Hindernis auf dem Weg zur Erlösung zu beseitigen, mal nach Art des Elefanten, mal nach Art der Maus.

Mäuse ist aber auch eine umgangssprachliche Bezeichnung für Geld und als solche aus dem rotwelschen Wort für Geld *Moos, Mous* abgeleitet (noch lebendig in *Ohne Moos nix los*), welches wiederum aus dem jiddischen *Moo* (Pfennig) entstanden ist.

In der Traumdeutung wird die Maus als Symbol der Macht und Ohnmacht des Unscheinbaren gewertet. Hier kann das Unbedeutende gemeint sein, aber auch das Un-Scheinbare, also das wirklich Wichtige. Anders gesagt, weist die Maus im Traum darauf hin, sich mit dem scheinbar Unwichtigen auseinander zu setzen.

Mit Speck fängt man Mäuse ...

Wie sehe ich mich in Bezug zu diesem Motiv?

Wie kann ich meine Finanzen besser in den Griff bekommen?

Wie kann ich meine Werte besser gegen unerwünschte Zugriffe schützen?

Welche neuen Möglichkeiten ergeben sich aus der aktuellen Situation für mich?

Was ist jetzt wirklich wichtig für mich und was nicht?

Warum lasse ich mich von einer Maus auf einen Stuhl treiben?

Tipp

Horchen Sie einmal in sich hinein, ob etwas in Ihnen nagt, was über kurz oder lang zu Schäden führen kann, wenn Sie sich nicht darum kümmern.

Liebe

Beziehungen leben von und mit scheinbaren Kleinigkeiten. Eine nette Geste hier, eine zärtliche Berührung dort. ... Achten Sie bewusst auf solche ›Kleinigkeiten‹, sie sind wichtig.

Glück

Geld beruhigt die Nerven, aber macht es Sie glücklich? Halten Sie Ihre ›Mäuse‹ zusammen (in dieser Hinsicht dürfen die Mäuse gerne in Massen auftreten!), aber machen Sie nicht Ihr Lebensglück davon abhängig.

Erfolg

In Krisensituationen sollten Sie sich auf ›Maus-Qualitäten‹ besinnen: Hindernisse erkennen, einschätzen und überwinden. Not macht erfinderisch. Noch besser: Halten Sie sich an die ›Mäuse-Strategie‹ und folgen Sie dem Käse. *Go with the flow.*

24 · Herz

Traditionelle Deutung

Diese Karte steht für Liebe und Zärtlichkeit, drückt Lebensfreude, Harmonie und Glück aus. Starke innere Kräfte stimmen optimistisch und dieser Optimismus strahlt auf andere aus.

+ 25 *Ring:* solide und dauerhafte Beziehung; + 35 *Anker:* Heirat, Treue; + 26 *Buch:* heimliche Liebe. Vorsicht wieder bei negativen Umgebungskarten.

+ 6 *Wolken:* Unklarheiten in der Liebe; + 7 *Schlange:* Eifersucht oder ›falsche‹ Liebe;+ 8 *Sarg*, 10 *Sense* oder/und 36 *Kreuz*: Probleme in bzw. Ende der Beziehung oder gesundheitliche Herzprobleme.

Moderne Symboldeutung

Ohne Herz geht nichts – im realen wie im übertragenen Sinne. Die symbolische Spannbreite kann hier kaum annähernd umrissen werden. Das Herz, als zentrales Organ des Gefäßsystems und ausdauernde Blutpumpe lebensnotwendig, gilt seit ehedem als Sitz des Lebensprinzips und der Seele, als Mitte des Menschen. In der christlichen Mystik der Zeit zwischen Spätmittelalter und Barock wird das Herz zum Sinnbild der himmlischen ebenso wie der irdischen Liebe. Die Herz-Jesu-Bildchen der christlichen Kitschindustrie sind ein Nachklang dieser Bedeutung.

Anders als in der späteren abendländischen Symbolik, wo das Herz neben den oben genannten Bedeutungen vor allem für das Emotionale, Seelische stand und steht, sah man es im alten Ägypten als Sitz des Verstandes an. Herzlos meinte dort ohne Verstand, vernunftlos.

Die heute weitaus populärere Funktion kann man mit der volksmundlichen Worttriade *Herz – Schmerz – Terz* umreißen, die die Gemütsaffekte beschreibt, welche ebenfalls dem Herzen zugeordnet werden: Liebe, Sehnsucht, Trauer, Wut und Eifersucht, kurz die ganze Palette der Emotionen zwischen absoluter, hingebungsvoller Liebe und abgrundtiefem, zerstörerischem Hass.

Versteinerte Herzen, ein beliebtes Märchenmotiv, stehen für Gefühllosigkeit und religiöse Abkehr von Gott.

Ich nehm' mein Herz in beide Hände ...

Wie sehe ich mich in Bezug zu diesem Motiv?

Für wen oder was schlägt mein Herz besonders?

Was verursacht mir Herzklopfen und warum?

Wie gehe ich mit meinen Gefühlen um? Fließen sie oder sind sie schon erstarrt?

Kenne ich meine innere Mitte, mein Zentrum?

Wenn nicht, wie könnte ich sie finden?

Tipp

Wenn etwas Sie bedrückt, dann machen Sie aus Ihrem Herzen keine Mördergrube, reden Sie mit jemandem darüber, dem Sie vertrauen.

Liebe

Machen Sie Ihrem Herzen Luft. Nichts ist auf Dauer so schädlich für Körper und Geist wie ein permanenter *Stein auf dem Herzen.* Gefühle müssen fließen, wie das Blut durchs physische Herz. Das richtige Wort zur rechten Zeit wirkt Wunder.

Glück

Wenn Sie es schaffen, bei aller Rationalität Ihres Handelns immer auch Ihr Herz mitsprechen zu lassen, wenn sich Herz und Hirn also durchdringen, dann: *Herz, was willst du mehr?*

Erfolg

Wenn Sie sich entschlossen haben, etwas zu tun, dann tun Sie es aus *vollem Herzen*, sprich mit vollem Engagement und *tun Sie es von Herzen gern.* Zeigen Sie in der aktuellen Situation, dass Sie *das Herz auf dem rechten Fleck haben.*

25 · Ring

Traditionelle Deutung

Der *Ring* steht für eine Verbindung, welcher Art auch immer. Dabei kann es sich um eine enge Beziehung, eine Verlobung oder eine Ehe handeln, aber auch um eine geschäftliche Verbindung.

+ 3 *Schiff:* Hochzeitsreise oder gefestigte Geschäftsbeziehungen; + 8 *Sarg* oder 10 *Sense:* Scheidung, endgültige Trennung; + 13 *Kind:* Chance für eine neue Beziehung; + 17 *Storch:* Veränderungen in Beziehungen; + 34 *Fische* und 3 *Schiff:* finanziell lukrative Verbindung.

Moderne Symboldeutung

Der Ring ist als geschlossener Kreis ohne Anfang und Ende ein Symbol der Dauer, der Ewigkeit. Daneben ist der Ring auch ein Zeichen für (eheliche) Verbindung, Treue und Zugehörigkeit zu einer Gemeinschaft. Ursprünglich war der Ring aus Eisen, später auch aus anderen Metallen, eine spezielle Auszeichnung, die nicht jeder tragen durfte. Goldene Ringe durften nur Senatoren oder später Ritter tragen, eiserne Ringe waren ein Zeichen der niederen Stände. Verlust oder Zerbrechen eines Ringes bedeuten im Volksglauben Unheil. In einem Trennungsritual steht das Zerbrechen symbolisch für den Ausschluss aus einer Gemeinschaft bzw. die Aufkündigung einer Verbindung (modern der Verlobungs- oder Ehering, den man dem Partner beim Verlassen vor die Füße wirft).

Aus dem Verlobungsring, mit dem ein Eheversprechen ›besiegelt‹ wurde, entwickelte sich der Siegelring, mit dem Urkunden und andere Dokumente beglaubigt wurden.

Ein Aspekt des Ringes, nämlich seine Endlosigkeit, die man auch als permanente Wiederholung betrachten kann, blieb bislang wenig bedacht. Der Kreis kann eben auch ein Sinnbild für nicht enden wollende Bemühungen sein, für ein Festsitzen im Hamsterlaufrad. So gesehen symbolisiert der Ring den Kreislauf ständiger Wiederholungen, die Leere, die Routine.

Ein anderer Aspekt des Ringes ist der der Offenheit, des Durchgangs. Inmitten des begrenzenden Ringmaterials ist es durchgängig, offen. Optimierung braucht Offenheit für Anregungen, Ideen, Neues.

Ein güldnes Ringlein schenk ich dir, dazu mein ganzes Herz ...

Wie sehe ich mich in Bezug zu diesem Motiv?

Fühle ich mich wohl in meiner aktuellen Situation oder ist sie für mich eher wie eine Wiederholung ohne Ende?

Habe ich Angst vor einer festen Bindung und wenn ja, warum?

Gehe ich eine Verbindung aus freien Stücken und nach sorgfältiger Prüfung der Fakten ein oder geschieht dies eher aus dem Bauch heraus?

Tipp

Ring frei für eine neue Runde im Ringen um Optimierung, sei es auf privater oder geschäftlicher Ebene. Fixieren Sie geschäftliche Verbindungen.

♥ Liebe

Trauen Sie sich und tauschen Sie mit Ihrem Geliebten die Ringe. Doch prüfe, wer sich ewig bindet! Wenn Sie dies schon längst getan haben, dann erinnern Sie sich doch heute einmal daran, was Sie sich damals gegenseitig geschworen haben ...

♣ Glück

Sich trauen bringt Glück. *Eins und Eins macht Drei.* Was sich wie ein Rechenfehler anhört, ist vielmehr ein Quell höchster Glücksgefühle. Und das gilt nicht nur für die Trias Vater-Mutter-Kind ... Das Ganze ist mehr als die Summe seiner Teile.

Erfolg

In jedem Falle sollte man wissen, was man tut und mit wem man eine geschäftliche Verbindung eingeht. Lassen Sie sich beraten, um keine Fehler zu machen. Dann machen Sie die Verträge.

26 · Buch

Traditionelle Deutung

Die Karte steht für tiefere Einsichten auf geistigem Gebiet, auch für Geheimnisse, die man hat oder wahren möchte. In letzterem Fall ist die Karte eine Warnung davor, dass in Ihrer Umgebung etwas ausgebrütet wird, das Sie nicht wissen oder wissen sollen.

+ 24 *Herz:* heimliche Liebe; + 22 *Wege:* unbekannte Wege, die zu gehen sind.

Moderne Symboldeutung

Das Buch ist ein Symbol der Weisheit und des Wissens, kann natürlich aber auch auf spröde Gelehrsamkeit und skurrile, dem realen Leben entfremdete Lesergestalten, auf bleichgesichtige Bücherwürmer, verweisen. Wie jedes Symbol hat auch das Buch diese Ambivalenz.

Schon früh wurde das Buch zum Sinnbild des Lebens. Das Buch des Lebens (dazu verschiedene Stellen in der *Offenbarung des Johannes*) ist einerseits Symbol des Universums, andererseits steht es, wie der Lebensbaum, für die Ganzheit des Menschen und die Totalität der göttlichen Entscheidungen. Dieses Buch mit seinen sieben Siegeln entschlüsselt alle Geheimnisse der Weltgeschichte. Die Vorstellung eines Buches, in dem die Schicksale aller Menschen auf- und vorgezeichnet sind, gibt es schon im frühen Orient.

Ähnliche Schlüsselbücher kennen die esoterischen Strömungen verschiedener Kulturen. Unser Ziel ist es, zunächst die sieben Siegel unseres eigenen Lebensbuches zu knacken. Zu erforschen, welche Geheimnisse wir in uns tragen, welche Talente, welche Wünsche, welche Ängste.

Wenn Sie von einem Buch *träumen*, sind Belesenheit und Klugheit im Spiel: Sie sollten sich mehr mit Ihrem realen Leben auseinander setzen. Das innere Wissen dazu finden Sie in sich selbst.

Ein Buch mit sieben Siegeln ...

Wie sehe ich mich in Bezug zu diesem Motiv?

Welche Bedeutung will ich meinem Leben geben?

Wie definiere für mich den Sinn des Lebens?

Was möchte ich noch lernen?

Welche Methoden oder Techniken könnten mir helfen, zu den vor mir liegenden Geheimnissen durchzudringen?

Wer kann mir diese Techniken beibringen?

Tipp

Ein Buch steht in der Regel in einer Bibliothek mit vielen anderen zusammen, so wie Sie in der Gesellschaft stehen. In der Bibliothek wie in der Gesellschaft kommt es auf jedes Buch bzw. jeden einzelnen Mensch mit seiner eigenen Welt an. Erst aus vielen Einzelnen entsteht das imposante große Ganze.

❤ Liebe

Flüstern Sie Ihrem Partner doch mal wieder ins Ohr, wie sehr Sie ihn lieben. Die Liebe lebt vom Reiz des Unbekannten. Lernen Sie gemeinsam etwas Neues, erforschen Sie gemeinsam bisher Unbekanntes.

♣ Glück

Das Glück finden Sie selten in Büchern, aber häufig finden Sie darin den Weg dorthin. Entdecken Sie vor allem Ihre eigene Individualität, Ihren Eigen-Sinn. Das ist das höchste Glück auf Erden.

➚ Erfolg

Schreiben Sie einige Kapitel Ihres Lebensbuches um oder ganz neu, arbeiten Sie an Ihrem Lebensplan. Drücken Sie ruhig wieder einmal die Schulbank. Ordnen Sie ganz konkret Ihre Buchhaltung, studieren Sie die Akten.

27 · Brief

Traditionelle Deutung

Was steht in dem *Brief?* Positive oder negative Nachrichten? Welche Neuigkeiten uns erwarten, hängt gerade bei dieser Karte wesentlich von den Umgebungskarten ab.

+ negative Karten wie 6 *Wolken*, 7 *Schlange*, 5 *Baum*, 8 *Sarg*, und / oder 10 *Sense:* schlechte Nachrichten; + 1 *Reiter:* unerwartete Nachrichten über eine gute Beziehung (geschäftlich oder privat); + 19 *Turm:* amtliches Schreiben; + 24 *Herz* und/oder 20 *Garten:* neue Kontakte, Chance zu einem völligen Neubeginn im Leben.

Moderne Symboldeutung

Um Kommunikation, den Austausch von Nachrichten jedweder Art geht es hier. Der Brief steht für Austausch und Nähe, Verbindung zu einem anderen Menschen (oder auch zu seinem eigenen Inneren), für Kontakt mit der Außenwelt.

In der Traumdeutung sieht man Briefe in der Regel als Botschaften, die noch nicht ins Bewusstsein durchgedrungen sind.

In der heutigen schnelllebigen Zeit stellen Briefe scheinbar einen liebenswerten Anachronismus dar. Im Alltag tippt man mal schnell eine E-Mail in den PC. Ist ja nicht so wichtig, Hauptsache, die ›message‹ gelangt schnell von A nach B. Ein Brief dagegen braucht Zeit, sowohl bei der Entstehung (das Verfassen verlangt Muße und Konzentration der eigenen Gedanken, die Reflexion und die Überprüfung, ob der Adressat auch wirklich das verstehen kann, was der Schreiber meint) als auch beim Versand (ein Brief braucht mindestens einen Tag bis zum Adressaten). Ein handschriftlicher Brief gehört zur Entdeckung der Langsamkeit, der Gegenbewegung zur modernen Hektik und Zeitentwertung. Er fordert und fördert einen eigenen Stil, zwingt zu gestalterischen Überlegungen, wird zum Geschenk, und kann sogar Literatur werden, wie die zahlreichen publizierten Briefwechsel beweisen.

Auf veilchenduftendem Bütten schenk' ich dir meine Gedanken ...

Wie sehe ich mich in Bezug zu diesem Motiv?

Was wollte ich mir oder anderen immer schon mal sagen?

Was gefällt mir an mir, was nicht?

Wie steht es mit meiner Kommunikationsfreude anderen gegenüber?

Wen habe ich schon lange nicht mehr gesprochen?

Tipp

Kommen Sie heraus aus Ihrem Schneckenhaus und kommunizieren Sie mit Ihren Mitmenschen. Es wird höchste Zeit.

❤ Liebe

Wann haben Sie das letzte Mal einen Liebesbrief geschrieben? Denken Sie daran, wie sehr Sie sich selbst freuen, wenn ein hübsch gestalteter Brief in Ihrem Kasten liegt, handgeschrieben. Das lässt doch gleich Vorfreude und Spannung durchs Herz rauschen. Bereiten Sie anderen doch auch diese Freude.

♣ Glück

Mit anderen Menschen sprechen, plaudern, diskutieren, ja – auch streiten können: Welch ein Glück! Überfallen Sie andere dabei nicht, aber ergreifen Sie selbst die Initiative. Warten Sie nicht, bis Sie angesprochen werden. Geteiltes Leid ist halbes Leid, geteilte Freude ist doppelte Freude.

Erfolg

Schreiben Sie einen Brief an andere (Partner, Kunden, Mitarbeiter) und machen Sie Ihre Ziele und wichtige Interessen klar. Oder schreiben Sie an sich selbst einen »letter of intention«, in dem Sie sich selbst Ihre aktuelle Situation schildern und Ziele beschreiben.

28 · Herr

Traditionelle Deutung

Diese Karte steht als Signifikatorkarte für den männlichen Fragenden bzw. für einen guten Freund, Partner oder Ehemann. Liegen die Karten 28 *Herr* und 29 *Dame* direkt nebeneinander oder sehr nah und mit den Gesichtern einander zugewandt, dann steht diese Konstellation für eine gute Ehe bzw. Liebesbeziehung. Zeigen sich die beiden Kartenfiguren den Rücken, dann drohen Missstimmungen in der Ehe bis hin zur Trennung oder Scheidung, zumindest aber ein Nebeneinanderher-Leben ohne vereinendes geistig-seelisches Band.

+ 8 *Sarg* oder 10 *Sense*: Unannehmlichkeiten oder Frustrationen; 28 *Herr* + 29 *Dame* + 13 *Kind*: glückliche Familie.

Moderne Symboldeutung

Der Mann steht in der Symbolkunde für Macht, Autorität und Herrschaft sowie für das männliche, zeugende Prinzip, das männliche Erbe.

In der analytischen Psychologie steht der Mann für den Animus, also unsere männliche Seite, welche wesentlich von unserem Vaterbild geprägt ist. Es werden in dieser Männer-Karte auch Aspekte des Herrschens, der Selbstbeherrschung und der Selbstbestimmung (sein eigener Herr sein) angesprochen. Außerdem spielen hier Aspekte von möglichem Machtmissbrauch, von männlicher Aggression eine Rolle.

Beschäftigen Sie sich mit Ihrem Vater bzw. mit dem Bild, welches Sie von Ihrem Vater haben. Die Art und Weise, wie Ihr Vater mit Ihnen und der Welt umgegangen ist, hat Sie geprägt, so oder so. Wenn Sie sich dies bewusst machen, verstehen Sie eigene Handlungsweisen und Reaktionen besser. Denken Sie daran: Auch Väter sind nur Menschen. Billigen Sie ihnen auch im Nachhinein all das zu, was Sie selbst für sich fordern.

Wann ist ein Mann ein Mann …

Wie sehe ich mich in Bezug zu diesem Motiv?

Wie definiere ich für mich ›Mann-Sein‹?

Wie gehe ich mit meinen männlichen Aspekten um, wie mit meinen weiblichen?

Wie ist als Sohn mein Verhältnis zum Vater, wie als Vater zu meinem Sohn?

Bin ich ›Herr‹ der Situation, meines Lebens?

Tipp

Setzen Sie sich mit Ihren männlichen Eigenschaften auseinander. Das gilt selbstredend auch für Frauen. Was ist für Sie ein ›herr‹-liches Leben?

❤ Liebe

Sind Sie sich und Ihrer Partnerin oder Ihrem Partner ein guter Mann? Welche besonderen ›männlichen‹ Aspekte können Sie in Ihre Beziehung einfließen lassen?

♣ Glück

»Heute ein König« meint hier nicht unbedingt, dass Sie wieder einmal ein gleichnamiges Bier trinken sollten, sondern dass Sie die Verantwortung für sich und Ihr Handeln selbstbewusst und selbstbestimmt übernehmen.

↗ Erfolg

Ein Mann muss tun, was ein Mann tun muss, heißt es immer in Hollywood-Filmen. Meistens dann, wenn der ›Held‹, völlig festgefahren in seinen bisherigen Handlungsmustern, Dinge tut, die eigentlich außer ihm keiner versteht. Für wen oder was und vor allem wozu? Sind Sie sich wirklich sicher, dass dies der richtige Weg ist?

29 · Dame

Traditionelle Deutung

Diese Karte steht als Signifikatorkarte für eine weibliche Fragende bzw. für eine gute Freundin, Partnerin oder Ehefrau. Liegen die Karten 29 *Dame* und 28 *Herr* direkt nebeneinander oder sehr nah und mit den Gesichtern einander zugewandt, dann steht diese Konstellation für eine gute Ehe bzw. Liebesbeziehung. Zeigen sich die beiden Kartenfiguren den Rücken, dann drohen Missstimmungen in der Ehe bis hin zur Trennung oder Scheidung, zumindest aber ein Nebeneinanderher-Leben ohne vereinendes geistig-seelisches Band.

\+ 8 *Sarg* oder 10 *Sense:* Unannehmlichkeiten oder Frustrationen; 28 *Herr* + 29 *Dame* + 13 *Kind:* glückliche Familie.

Moderne Symboldeutung

Die Frau verkörpert das weibliche, mütterliche, gebärende Prinzip und das weibliche Erbe. Sie ist diejenige, die *das Leben pflegt.* In der analytischen Psychologie symbolisiert die Frau das weibliche Prinzip, die Anima, die wesentlich von unserem Mutterbild geprägt ist. Auch der Natur-Aspekt (Mutter Natur) spielt hier hinein. Es geht bei dieser Symbolik auch um die Beschäftigung mit der eigenen Natur.

Beschäftigen Sie sich mit Ihrer Mutter bzw. mit dem Bild, welches Sie von Ihrer Mutter haben. Auch die Art und Weise, wie Ihre Mutter mit Ihnen und der Welt umgegangen ist, hat Sie geprägt, so oder so. Wenn Sie sich dies bewusst machen, verstehen Sie eigene Handlungsweisen und Reaktionen besser. Denken Sie daran: Auch Mütter sind nur Menschen. Billigen Sie ihnen auch im Nachhinein all das zu, was Sie selbst für sich fordern.

Eine Frau ohne Mann ist wie ein Fisch ohne Fahrrad …

Wie sehe ich mich in Bezug zu diesem Motiv?

Wie definiere ich für mich ›Frau-Sein‹?

Wie gehe ich mit meinen weiblichen Aspekten um, wie mit meinen männlichen?

Wie ist als Tochter mein Verhältnis zur Mutter, wie als Mutter zu meiner Tochter?

Bin ich mit mir selbst glücklich oder brauche ich dazu jemand anderen an meiner Seite?

Tipp

Setzen Sie sich mit Ihren weiblichen Eigenschaften auseinander. Das gilt natürlich auch für Männer. Wie sehen Sie sich als Frau, was erwarten oder wünschen Sie sich von sich selbst?

♥ Liebe

Sind Sie sich und Ihrem Partner oder ihrer Partnerin eine gute Frau? Welche besonderen ›weiblichen‹ Aspekte können Sie in Ihre Beziehung einfließen lassen?

♣ Glück

Nur wer mit sich selbst glücklich sein kann, kann auch mit anderen glücklich sein. Akzeptieren Sie sich, lieben Sie sich, ganz so, wie Sie sind. Wer dauernd Vorbildern nachrennt, kommt nur aus der Puste. Seien Sie selbst das Vorbild – für sich selbst und singen Sie: *I did it my way …*

Erfolg

Erfolg ist, wenn man's trotzdem macht. Lassen Sie sich nicht unterkriegen. Sie sind die Königin. Versuchen Sie es vielleicht einmal mit den ›Waffen einer Frau‹. Ein wenig Charme bewegt sehr viel …

30 · Lilien

Traditionelle Deutung

Die *Lilien* verkünden in positiver Kartenumgebung ein angenehmes, glückliches Leben. Von negativen Karten umgeben können sie auf Disharmonien zu Hause oder in der Partnerschaft, auch auf Streit und Trennung hindeuten.

+ 28 *Herr* / 29 *Dame*: Glück; + 4 *Haus:* häusliche Streitereien, Kummer, Scheidung oder Trennung; + 9 *Blumenstrauß:* glückliches Leben; + 6 *Wolken* oder 7 *Schlange:* falsche Freunde, Ärger in der Beziehung; + 25 *Ring:* Beziehung, Ehe, die ein Leben lang hält.

Moderne Symboldeutung

Die Lilie ist ein uraltes, schon aus vorchristlicher Zeit in gleicher Bedeutung überliefertes Symbol. Sie steht für das Licht, die Reinheit, Keuschheit und Unschuld, für das Heilige, ist die Blume der Mondgöttin ebenso wie die Blume der Jungfrau Maria. Seit prähistorischer Zeit ist die Lilie das Attribut vieler Muttergöttinnen. Insbesondere das Christentum erhob die Lilie zu höchsten Weihen. Hier steht sie neben den oben genannten Aspekten für die vollkommene Liebe, die in der Vereinigung von Gott und Mensch besteht. Im Mädchenvornamen *Susanne* lebt die Lilie unbemerkt im Alltag weiter. Susanne kommt vom hebräischen *Shushan*, was *Lilie* bedeutet (Legende von Susanna, die in Gefangenschaft im sündigen Babel ihre Keuschheit bewahrte; ein beliebtes Bildmotiv in der Malerei: *Susanna im Bade*).

Diese Unschuld könnte man in negativer Sichtweise auch als Einfalt und Naivität sehen. Der Unschuldsaspekt zeigt sich auch in abgewandelter Form im Volksglauben, der berichtet, auf den Gräbern unschuldig Hingerichteter wüchsen weiße Lilien. Hier ist die weiße Lilie, insbesondere im westeuropäisch geprägten Raum, ein Symbol des Todes. Lilien werden daher bei Beerdigungen ins Grab geworfen oder zieren den Sarg. Anders in Osteuropa, wo Lilien gerne in Hochzeitssträußen verwendet werden.

Ein weiterer Aspekt der Lilie ist der der Macht. Die berühmte Bourbonen-Lilie ziert etwa das Wappen der französischen Herrscher und ist als Wappenemblem in etlichen anderen königlichen Machtsymbolen zu finden.

Seht die Lilien auf dem Felde …

Wie sehe ich mich in Bezug zu diesem Motiv?

Welche Dinge wollte ich immer schon einmal bereinigen?

Kann ich diese Dinge alleine bereinigen oder brauche ich dazu Hilfe?

Bin ich zu bescheiden?

Was ist für mich wahre Schönheit?

Welcher Luxus fehlt mir, welcher ist für mich überflüssig?

Tipp

Lilien bringen einen Widerschein des Absoluten und Schönen in diese Welt. Erfreuen Sie sich an der Schönheit des Lebens. Das Schöne, Erhabene und Göttliche anzustreben, ist eine Herausforderung, ein Ziel, immer wieder Anstoß für die eigene Kreativität.

♥ Liebe

Unschuldiges Sehnen oder sündiges Verlangen? Die Liebe ist beides: weißes Blütenblatt und phallischer Stempel der Lilie. Surfen Sie auf den Wogen der Leidenschaft, solange sie rollen. Amüsieren Sie sich ›in aller Unschuld‹.

♣ Glück

Vergessen Sie bei aller Hektik nicht die natürliche Schönheit des Lebens. *Simplify your life* lautet der Titel eines bekannten Bestsellers – tun Sie genau das.

➚ Erfolg

Reinigen Sie sich von unschönen, unangenehmen Dingen oder Gedanken, die Sie belasten. Machen Sie reinen Tisch mit sich und anderen. Entrümpeln Sie auch Ihre Wohnung oder Ihr Haus. Machen Sie doch einmal eine ›Wohnungsdiät‹. Wer weiß, was Sie beim Aufräumen so alles Tolles wiederfinden …

31 · Sonne

Traditionelle Deutung

Ein sonniges Gemüt, Optimismus, einen gefestigten Charakter, das verspricht diese Karte.

+ 6 *Wolken*: Ihr Optimismus wird auf eine Probe gestellt. + 4 *Haus:* häuslicher Frieden und familiäre Harmonie; + 27 *Brief*: gute Nachrichten; + 24 *Herz* und / oder 25 *Ring:* es steht gut um Liebe und Partnerschaft. Beides gibt Ihnen viel Kraft; + 34 *Fische*: gute finanzielle Situation.

Moderne Symboldeutung

Die Himmelkörper zählen zu den Ursymbolen überhaupt und das gilt für fast alle Kulturen dieser Erde. Was Wunder, sind die Gestirne doch tagtäglich sichtbare Zeichen des Überirdischen. In vielen Religionen war die Sonne göttlich, sei es als physisch existenter Gott, als Personifikation eines von Gott gelenkten Wesens oder als göttliche Erscheinungsform. Die Sonne ist Mittelpunkt und energetischer Motor unseres Sonnensystems. Der scheinbare Umlauf um die Erde (tatsächlich ist es ja anders herum, es kommt halt immer auf den Standpunkt an) wurde schon in frühesten Zeiten zur Grundlage von Kalendersystemen. Die Sonne steht untrennbar in Verbindung mit Licht, Wärme und dem Element Feuer und gilt als Leben spendendes Prinzip. Sie symbolisiert Fruchtbarkeit, Erneuerung und Auferstehung. Weil sie alles gleichmäßig bescheint und ihre Strahlen die Dinge erkennbar machen, gilt sie auch als Zeichen der Gerechtigkeit und Aufklärung. Als Symbol der Unsterblichkeit, auch der Allwissenheit, finden wir den Sonnenkranz als Nimbus (Heiligenschein) in zahllosen Christus- und Heiligendarstellungen. In der Traumdeutung signalisiert die Sonne schöpferische Energie und Bewusstsein.

Wo Sonne ist, da sind auch Schatten. So positiv die Sonne in nördlichen Breiten als Wärme- und Lichtbringer bewertet wird, sie hat auch negative Aspekte: Dürre, Trockenheit und infolge davon Hunger in etlichen Gegenden der südlichen Halbkugel. Wer ungeschützten Auges in die Sonne schaut, wird geblendet. Fotografen kämpfen mit Über- oder Unterbelichtung, und auch im Privatleben fällt es uns manchmal schwer, die zarteren Zwischentöne ins rechte Licht zu setzen.

Hab' Sonne im Herzen ...

Wie sehe ich mich in Bezug zu diesem Motiv?

Was gibt mir Kraft und Selbstvertrauen?

Wie kann ich besser mit dem Auf und Ab im Leben umgehen?

Bin ich erwachsen genug, wieder Kind werden zu können?

Wie kann ich andere in meiner Umgebung motivieren?

Bekomme und gebe ich genug Wärme und Geborgenheit?

Mit welchen Menschen möchte ich meine Freude teilen?

Tipp

Lassen Sie den Kopf nicht hängen. Gehen Sie immer auf der Sonnenseite des Lebens. So wie für die Sonne, den Energie spendenden Mittelpunkt unseres Sonnensystems, so gilt auch für Sie, aus Ihrer Mitte heraus zu leben.

♥ Liebe

Die Sonne bringt es an den Tag – Positives wie Negatives. Vielleicht wird Ihnen jetzt erst richtig klar, dass Sie jemanden lieben oder wie sehr. Jetzt ist Bewusstheit in der Liebe Ihr Thema

♣ Glück

Sehen Sie die Welt positiv, aber nicht durch die rosa Brille. Die Sonne ist wie das Glück etwas, das man nur in vernünftigen Maßen ertragen kann. Allzu viel Sonne verursacht einen Sonnenbrand, allzu viel Glück kann hochmütig und leichtsinnig machen.

➚ Erfolg

Man macht Heu, wenn die Sonne scheint. Nutzen Sie also Chancen, wenn sie sich ergeben. Vertrauen Sie in der aktuellen Situation auf Ihre Lebensenergie, Ihre Willenskraft und bleiben Sie optimistisch. Stellen Sie sich in den Mittelpunkt, strahlen Sie selbst wie die Sonne.

32 · Mond

Traditionelle Deutung

Umgeben von positiven Karten kann der *Mond* auf eine herausgehobene Position hinweisen, die man einnimmt bzw. in die man hineingestellt wird. Sie erfahren Protektion oder werden gar sehr berühmt. Bleiben Sie dann aber auf dem Teppich und wägen Sie Chancen und Schwierigkeiten gut ab.

+ 18 *Hund:* Bestärkung in einer Freundschaft; + 25 *Ring:* Bestärkung in einer festen Bindung; + 35 *Anker:* Anerkennung im Beruf.

Moderne Symboldeutung

Vieles, was zur allgemeinen Symbolik der Sonne bei Karte 31 *Sonne* gesagt wurde, gilt auch für diese Karte, den Mond.

Auch die regelmäßigen Rhythmen des auf- und untergehenden Mondes wurden in frühesten Zeiten zur Grundlage von (Mond-)Kalendern. Das Wort Monat geht auf den Mond zurück, umreißt ein Monat zeitlich doch in etwa einen Mondzyklus, d. h. die Zeit zwischen zwei Neumonden.

Dass in den letzten Jahren eine Rückbesinnung auf alles Lunare eingesetzt hat, zeigen die zahllosen Bücher und Kalender zum Mond, die zu Bestsellern im Buchhandel geworden sind. Dahinter stehen zum einen die Erkenntnis, dass traditionelles Wissen auch und gerade heute weiterhelfen kann, und zum anderen das Bedürfnis nach Rückbindung an natürliche Lebenszyklen.

Auch die Popularisierung so genannter ›heidnischer‹ Weltanschauungen wie die der Hexen, Druiden etc., welche in ihren Lehren großes Gewicht auf die traditionellen lunaren Überlieferungen legen, mag ein Faktor sein. Der Mond (sprachlich in den meisten Kulturen weiblich, z.B. *la luna*) ist das Sinnbild für das Milde, Weibliche, passiv Fruchtbare, für Empfänglichkeit, aber auch das Unbewusste. Die unterschiedlichen Gestalten des Mondes während seiner Phasen machten ihn zum Symbol der Wandlung und des Wachstums.

Guter Mond, Du gehst so stille …

Wie sehe ich mich in Bezug zu diesem Motiv?

Bin ich offen für Gefühle?

Wie gehe ich mit emotionalen Schwankungen um?

Was sagen meine Träume und Ahnungen?

Wie kann ich sie deuten?

Welche Erfahrungswege könnte ich dazu nutzen?

Welche Aspekte meines Unbewussten habe ich (bewusst) noch nie beleuchtet?

Tipp

Wenden Sie sich Ihren emotionalen Seiten und seelischen Bedürfnissen zu. Männer sollten ihre unbewussten weiblichen Aspekte erforschen, Frauen ihr Selbstverständnis als Frau betrachten. In einer aktuellen Krisensituation sollten Sie eher aus dem Bauch heraus, also gefühlsmäßig handeln.

❤ Liebe

Brauchen Sie nicht wieder einmal ein paar Streicheleinheiten? Wie sieht es bei Ihrem Partner damit aus? Schwelgen Sie (gemeinsam) in großen Gefühlen!

♣ Glück

Schwankend wie der Mond, launisch, *lunarisch* und doch unbesiegbar und fest in seinem ewigen Zyklus. Lassen Sie sich von emotionalen Wechselbädern und großen Gefühlen nicht aus der Fassung bringen.

Erfolg

Soll ich oder soll ich nicht? Entscheidungen zu fällen, ist womöglich (heute) nicht unbedingt Ihre Sache. Halten Sie sich dann an Ihre Grundsätze. Mit Gefühl und Einfühlungsvermögen finden Sie den richtigen Zeitpunkt. Schwimmen Sie sich frei!

33 · Schlüssel

Traditionelle Deutung

Es zeigen sich jetzt Möglichkeiten, viele Türen zu öffnen. Wenn es gelingt, dann erfüllt sich so mancher Wunsch. Neue Unternehmungen kommen zu einem guten Erfolg. Der *Schlüssel* steht auch für Talente, die man nun zu entdecken und zu entfalten hat. Solche Talente sind wertvoller als jeder materielle Schatz.

+ 4 *Haus:* Umzug; + 6 *Wolken* oder 8 *Sarg:* Jobverlust; + 15 *Bär:* Veränderung durch innere Einkehr; + 19 *Turm*: Scheidung.

Moderne Symboldeutung

Überall auf der Welt und in allen möglichen Lebenssituationen vollziehen sich Dinge nach dem Schlüssel-Schloss-Prinzip. Antikörper im Blut, Enzyme, Männlein – Weiblein, Blüte – Insekt, um nur einige wenige zu nennen. Ohne den richtigen Schlüssel geht es nicht weiter! Der Schlüssel ist ein Symbol der Macht, der Löse- und Bindegewalt. Nehmen wir einmal den Kerkermeister oder auch den Webmaster: Diese Meister haben Meisterschaft auf Grund eines passenden ›Schlüssels‹ und sie können so Macht über andere ausüben.

Die vielleicht berühmtesten Schlüssel, nämlich die zum Himmel, hütet Petrus, der Himmelspförtner, der die *Schlüsselgewalt* innehat, also eine *Schlüsselposition* für unser Seelenheil einnimmt. Die Himmelsschlüssel (nicht die gleichnamigen Frühlingsblumen!) öffnen das Tor zur ewigen Seligkeit. Die Schlüssel im Wappen des Papstes stehen für seine Binde- und Lösegewalt als Stellvertreter Christi auf Erden.

Binden und lösen: Mit einem Schlüssel kann man einschließen, wegschließen oder gänzlich abschließen, also etwas oder jemanden aus seiner Reichweite, seiner Umgebung, seinem Leben mehr oder minder dauerhaft entfernen. Schließen und Schluss machen: Nur möglich, mit dem richtigen Schlüssel. Man kann mit einem Schlüssel vieles erschließen, eröffnen, sich oder anderen, real oder im übertragenen Sinne. Dies gilt insbesondere heute im Beruf, wo es auf *Schlüsselqualifikationen* (Kommunikations- und Teamfähigkeit, soziale Kompetenz etc.) ankommt.

Du bist beschlossen in meinem Herzen, verloren ist das Schlüsselein ...

Wie sehe ich mich in Bezug zu diesem Motiv?

Welchen Schlüssel brauche ich, um mein aktuelles Problem zu lösen?

Was kann ich tun, um Konflikte sach- und lösungsorientiert zu meistern, ohne emotional und persönlich betroffen zu werden?

Was kann/muss ich tun, um eine Angelegenheit zu einem positiven Ende zu bringen?

Tipp

In welcher Situation auch immer Sie gerade stehen, den Schlüssel zur Lösung finden nur Sie, und Sie finden ihn auch nur in sich selbst. Anders gesagt: Sie selbst sind der Schlüssel. Geben Sie auch anderen den Schlüssel zu sich!

♥ Liebe

Wer hat den passenden Schlüssel zu Ihrem Herzen? Wem möchten Sie wirklich die Schlüsselposition einräumen, Ihre große Liebe zu sein? Verschanzen Sie sich nicht und lassen Sie andere in Ihre Welt hinein.

♣ Glück

Oft hilft es schon, wenn Sie nur ganz präzise und konkret eine Frage formulieren, die das Problem umreißt, und schon öffnet sich eine Tür, ein neuer Zugang. Besinnen Sie sich auf Ihre Talente, ihre ureigenen Fähigkeiten. Neue Lösungen sind möglich. Eröffnen Sie sich Neues.

➚ Erfolg

Schließen Sie etwas gut ab und lassen Sie es hinter sich. Erschließen Sie sich Ihre Talente, entwickeln und nutzen Sie sie. Seien Sie offen für Neues und lassen Sie sich von Hindernissen nicht unterkriegen. Präsentieren Sie Ihre Ideen präzise und *schlüssig*. Sie haben die Trümpfe in der Hand!

34 · Fische

Traditionelle Deutung

Diese Karte kündigt eine tiefe Einsicht in geistig-seelische Angelegenheiten an. Umgeben von negativen Karten können Unruhe und Streitereien drohen. Umgekehrt kommen Glück und Reichtum, wenn die Fische von positiven Karten umgeben sind.

+ 3 *Schiff:* weite Reise mit spirituellen Zielen; + 32 *Mond:* finanzielle Anerkennung; + 23 *Mäuse:* Geldverluste; + 6 *Wolken* und/oder 7 *Schlange*: unklare Finanzangelegenheiten.

Moderne Symboldeutung

Fische kann man nicht streicheln, sie sehen nicht unbedingt ›niedlich‹ aus, entsprechen so gar nicht unserer Sphäre: Holt man sie aus ihrem Element (Wasser) in unser Element (Luft), sterben sie ebenso wie wir, wenn wir längerfristig ohne technische Hilfsmittel in ihre Lebenswelt eintauchen. Dennoch ist das Urelement Wasser für uns mindestens so wichtig wie für die Fische, die als Wasserbewohner direkt in Verbindung mit der kraftvollen Symbolik dieses Elements stehen.

Wasser bedeutet Seele und Lebenskraft, spirituelle Tiefen und unbewusste Sphären. In Gestalt der Fische kommen die Kräfte des Unbewussten, etwa im Traum, aus unseren eigenen unbewussten Tiefen empor und werden sichtbar, können gefangen, sprich begriffen und verstanden werden.

Kurz: Fische sind Boten aus der verborgenen Welt der Seele und der Gefühle. Der Fisch ist ein uraltes, weltweit verbreitetes Sinnbild des Wassers und zugleich ein Symbol des Lebens und der Fruchtbarkeit, aber auch der Weisheit.

Das frühe Christentum hatte den Fisch als Erkennungszeichen. C. G. Jung sieht den Fisch dagegen eher als Symbol der Ganzheit, im Traum etwa als Zeichen für die ganze Persönlichkeit des Träumenden. Fische symbolisieren einerseits verborgene Probleme, andererseits aber auch Schätze, Kostbarkeiten des Unbewussten, die es zu entdecken gilt.

Fische wollen schwimmen …

Wie sehe ich mich in Bezug zu diesem Motiv?

Was in meinem Leben möchte ich ausweiten, vermehren, vergrößern?

Sind meine Finanzen in Ordnung?

Was tue ich für meine Seele?

Welche Rolle spielen Glaube und Religion für mich?

Wovon träume ich gerade besonders häufig?

Tipp

Beschäftigen Sie sich mit Ihren seelischen Bedürfnissen, mit Glaubensfragen. Sie suchen Antworten, also Butter an die Fische! Werfen Sie Ihr Netz aus und fangen Sie die Ahnungen und Gedanken, die das Unbewusste Ihnen in Träumen, Kartenauslagen etc. schickt.

Liebe

Die Liebe wächst. Vielleicht ist sie noch ein kleiner Setzling, aber bald wird daraus ein prachtvoller Lachs. Beachten Sie die Boten des Unbewussten, nehmen Sie Zeichen der Zuneigung auch wahr.

Glück

Pflegen Sie Umgang mit Menschen, mit denen Sie auf einer Wellenlänge sind. Schwimmen Sie mit im Schwarm Gleichgesinnter!

Erfolg

Haben Sie endlich *einen dicken Fisch geangelt*? Wunderbar, freuen Sie sich über Ihren Erfolg. Wenn nicht, angeln Sie weiter. Werfen Sie immer wieder Ihre Netze aus und ziehen Sie an Land, was kommt. Nutzen Sie *Netzwerke* für die ›Eroberung‹ weitreichender Ziele. Wenn Sie sich in Ihrem Metier *wie ein Fisch im Wasser fühlen*, werden Sie großen Wohlstand erreichen.

35 · Anker

Traditionelle Deutung

In positiver Umgebung verspricht der *Anker* ein langes, glückliches Eheleben und Wohlstand. In Kombination mit negativen Karten drohen Schwierigkeiten in einer Beziehung, von der man sich innerlich schon verabschiedet hat.

+ 3 *Schiff:* stabile Geschäftsverbindungen; + 8 *Sarg:* Krankheit, Labilität; + 22 *Weg:* Entscheidungen in Liebesbeziehungen; + 24 *Herz:* solide (Liebes-)Beziehung; + 34 *Fische:* Finanzen in Ordnung.

Moderne Symboldeutung

Der Anker ist ein uraltes Schifferutensil. Die älteste überlieferte Darstellung eines pyramidenförmigen Steinankers mit Loch für ein Seil stammt aus dem 1907 ausgegrabenen Tempel des Pharaos Abusir und lässt sich auf rund 2500 v. Chr. datieren. Schon in der Antike wurde der Anker mit den Göttern der Meere (vor allem Neptun) in Verbindung gebracht und versinnbildlichte Sicherheit, Halt und damit Vertrauen, Zuversicht und Hoffnung. *Vor Anker liegen* heißt, nicht mehr den Gefahren des Meeres ausgesetzt sein, in Sicherheit sein.

Auf Grund seiner Kreuzform wurde er in christlicher Zeit ein Symbol der Erlösung. Im Neuen Testament (Hebr. 6,18 ff.) versinnbildlicht der Anker die christliche Hoffnung auf eine himmlische Seligkeit. Der Anker ist neben Kreuz und Fisch eines der ältesten christlichen Symbole und zugleich das meist verwendete in den ersten christlichen Jahrhunderten.

In der psychologischen Sicht steht das Meer (Wasser) für die Gefühle und der Anker ist damit ein Ausdruck des Wunsches nach Sicherheit, Halt und festem Bezugspunkt (Haltepunkt) im Meer der schwankenden Gefühle.

Sicherheit und Verankerung bedeuten aber auch Stillstand. Um voran zu kommen, muss man gelegentlich den Anker lichten und sich den Gefahren des Meeres aussetzen.

Anker lichten oder Anker werfen ...

Wie sehe ich mich in Bezug zu diesem Motiv?

Was oder wer gibt mir Hoffnung?

Was oder wer gibt mir in der aktuellen Situation die Sicherheit, die ich brauche?

Wie halte ich es persönlich mit der Treue?

Verhalte ich mich diesbezüglich so, wie ich es von anderen erwarte?

Wo habe ich meine festen Bezugspunkte?

Tipp

Gewinnen Sie Bodenhaftung, um die aktuellen Gefühlswogen zu überstehen. Kümmern Sie sich um Ihre ›Wurzeln‹. Tun Sie etwas, das Sie schon immer tun wollten.

♥ Liebe

In der Liebe steht das Thema Treue oben an. Treue hat mit trauen zu tun. Der beste Anker für eine Beziehung ist gegenseitiges Vertrauen. Schwer aufzubauen und für viele schwer zu halten. Setzen Sie diesen ›Anker‹ also nicht leichtfertig aufs Spiel.

♣ Glück

Wo ist Ihre Heimat, wo können Sie getrost vor Anker gehen, auch wenn es stürmt? Es ist ein großes Glück zu wissen, wo man hingehört. Glücklich zu sein, Freude zu erfahren und weiterzugeben, ist der Anker, der uns Schutz und Trost in dieser Welt gibt.

➚ Erfolg

Investieren Sie in Ihre Zukunft. Riskieren Sie mehr Verbindlichkeit. Sie müssen sich neu festlegen. Und gleichzeitig heißt es, festgefahrene Positionen aufgeben. So gewinnen Sie an Fahrt und an Sicherheit.

36 · Kreuz

Traditionelle Deutung

Eine in der Tradition des 19. Jahrhunderts erstaunlicherweise eher negative als positive Karte, wobei der Leidensaspekt im Vordergrund steht. Sie gilt immer als negatives Vorzeichen. Je nach Nähe oder Ferne von der Signifikatorkarte dauert das Leid nur kurz oder entsprechend länger. Die Karten, die das Kreuz direkt umgeben, zeigen an, wo das Missgeschick auftritt bzw. von welcher Art es ist.

+ 25 *Ring:* Ende eines Kreislaufes bzw. einer Situation, in der Sie sich im Kreis drehten, Ende einer Ehe; + 35 *Anker:* lange, glückliche Ehe.

Moderne Symboldeutung

Das Kreuz ist eines der ältesten Symbole überhaupt mit vielschichtigen Bedeutungen. Es korrespondiert einerseits mit der Zahl Vier wegen seiner vier Enden und wurde damit u. a. zum Sinnbild der vier Himmelsrichtungen.

Das Kreuz verbindet zweifach entgegengesetzte Punkte und gilt daher als Sinnbild der Vereinigung von Extremen (etwa Himmel und Erde) und als Zeichen der Synthese. Schon lange vor seiner Verwendung in der christlichen Symbolik galt es als das universale Zeichen für die Mittlung. Es bildet den Schnittpunkt von oben und unten, rechts und links ab und versinnbildlicht die Teilung und Vereinigung.

Andererseits spielt die Zahl Fünf eine große Rolle. Die Schnittstelle des Kreuzes bildet eine fünfte Stelle und versinnbildlicht den eigenen Standpunkt, die Quintessenz.

In der christlichen Kultur ist das Kreuz untrennbar mit der Passion Christi verbunden und symbolisiert das Leiden, aber auch den Sieg über den Tod. In dieser Sicht wurde das Kreuz zum christlichen Symbol schlechthin. Das Kreuz ist also ein Symbol des Leidens, aber es ist gleichermaßen ein Symbol der Überwindung und des Sieges und damit ein ausgesprochen positives Zeichen. Das Kreuz ist aber auch ein Symbol des Tragenden. Seine Form entspricht der des menschlichen Körpers mit ausgestreckten Armen und den Rücken eines Menschen bezeichnet man auch als Kreuz. *Ich hab's im Kreuz* sagt man, wenn eben dieser schmerzt, wenn die Wirbelsäule ihre tragende Funktion auf Grund von Überbelastung nicht mehr richtig ausüben kann.

Jeder trägt sein Kreuz…

Wie sehe ich mich in Bezug zu diesem Motiv?

Wo ist mein eigener Standpunkt in der aktuellen Situation?

Bin ich bereit, meinen Standpunkt zu vertreten?

Wie kann ich die bevorstehende Prüfung bestehen?

Mit wem oder was liege ich aktuell über Kreuz?

Wie kann ich ›mein Kreuz‹ leichter tragen?

Tipp

Entscheiden Sie, in welcher Richtung es weitergehen soll. Auseinander oder zusammen? Die Alternativen liegen womöglich gar nicht derart über Kreuz, dass sie unvereinbar wären.

Liebe

Das Kreuz in einer Beziehung kann darin bestehen, dass man an etwas festhält, obwohl man sich schon innerlich davon gelöst hat. Kommen Sie zum Kern. Finden Sie gemeinsam eine Lösung.

Glück

Jeder hat sein Kreuz zu tragen klingt zunächst einmal negativ. Tatsächlich kann man diese Redewendung aber auch positiv verstehen. Das Kreuz bezeichnet dann den Schnittpunkt, an dem Ihre vielen Interessen, Chancen und Begabungen zu einer großen Aufgabe zusammenwachsen. Das wirkt wie eine große Herausforderung, ist aber auch ein großes Glück. Alles, was für Sie wichtig ist, bekommt so einen Platz in Ihrem Leben.

Erfolg

Lassen Sie sich nicht aufs Kreuz legen. Vertreten Sie Ihren eigenen Standpunkt. Ziele und Lebensentwürfe brauchen Entscheidungen. Diese müssen nicht immer »entweder – oder« lauten, manchmal ist ein »sowohl – als auch« der geschicktere Weg.

Abb 2. Mme Lenormand und Kaiserin Josephine.
Aus: Karten der berühmten Wahrsagerin Mlle Lenormand aus Paris, allein richtige Anleitung und Erklärung der Wahrsagekunst in zwei Theilen.
Berlin (Literatur und Kunst Comptoir) 1847

Legemuster

Auf eine umfassende Darstellung verschiedener Legemuster bzw. Beispieldeutungen großer Auslagen wird hier zugunsten einer ausführlichen Erarbeitung der Einzelkarten-Symbolik verzichtet. Einige Legevarianten werden als Einstieg dennoch kurz vorgestellt. Die Anregungen beziehen sich im Wesentlichen auf die Einzelkarten, etwa als morgens oder abends gezogene Tageskarte.

Mischen Sie die Karten und heben Sie ab. Entwickeln Sie hierzu nach Wunsch Ihr eigenes Ritual.

Anschließend legen Sie die Karten im Halbkreis aufgefächert und verdeckt vor sich oder dem Fragenden aus. Konzentrieren Sie sich auf die Frage, die Sie stellen möchten, bzw. bitten Sie den Fragenden, sich auf seine Frage zu konzentrieren. Derweil wählen Sie die je nach Legemuster benötigte Kartenmenge Karte für Karte aus bzw. lassen den Fragenden die entsprechende Anzahl auswählen.

Legen Sie die gezogenen Karten nun offen in der gezogenen Reihenfolge auf die Positionen des jeweiligen Legemusters.

Bei nur wenigen Karten (etwa 3 oder 4) ist die Interpretation nicht sehr schwierig. Bestehen die Legemuster aus mehreren oder allen 36 Karten, dann ist die Interpretation schon komplexer und auch zeitaufwändiger.

Die Tageskarte

Damit ist das Ziehen einer einzelnen Karte gemeint. Die Tageskarte ist ein guter Weg, sich mit relativ wenig Zeitaufwand intensiv mit einem spezifischen Thema zu befassen. Ob Sie die Tageskarte nun morgens als Einstimmung auf den Tag oder als Tagesmotto ziehen, zwischendrin oder am Abend als Rückbesinnung auf das am Tage Erlebte und Vollbrachte, bleibt Ihnen überlassen. Nehmen Sie sich aber in jedem Falle ein paar Minuten Zeit, in denen Sie ganz ruhig und nur auf die Karte konzentriert sein können. Die Tageskarte sollten Sie selbst ziehen und selbst deuten. Die Thematik, die auf der gezogenen Karte auftaucht, ist dabei wie ein roter Faden, der sich durch den Tag zieht oder gezogen hat.

Beispiel:
Sie ziehen als Tageskarte die 14 *Fuchs*. Da geht es um Schlüsselbegriffe wie Wachsamkeit, Neider, Betrug, Schläue und List, um die Klugheit unserer Instinkte, um Kontrolle der Instinkte. Als Tageskarte regt der *Fuchs* Sie an, heute besonders aufmerksam bei der Arbeit usw. zu sein und auf Anzeichen zu achten, dass man versucht, Sie über den Tisch zu ziehen (etwa bei Vertragsverhandlungen). Vertrauen Sie dabei ruhig auf Ihre Instinkte, handeln Sie aber besonnen und lassen Sie sich nicht zu Dingen hinreißen, die Sie lieber hinterher nicht gesagt oder getan hätten.

Dreier-Auslage

Beispielsfrage: Worauf soll ich im kommenden Jahr besonders achten?

Karte 33 *Schlüssel* auf Position 1:
Der Schlüssel steht für einen Neubeginn, innere Werte

Karte 22 *Weg* auf Position 2:
Der Weg steht für eine Entscheidung bzw. Wahl, die getroffen werden muss

Karte 16 *Stern* auf Position 3:
Der Stern steht für Klarheit, Orientierung

Zusammenfassende Interpretation:
Das kommende Jahr bietet neue Chancen, neue Türen *(Schlüssel)* werden sich öffnen, wenn Sie sich auf Ihre inneren Werte, Ihre Talente besinnen. Wichtige Entscheidungen stehen an *(Weg)* und diese führen zum Erfolg. Für die Entscheidungen brauchen Sie Klarheit und Durchblick. Um den richtigen Weg zu finden, sollten Sie nach Hilfen zur Orientierung *(Stern)* suchen. Alles in allem ein anregendes Jahr.

Das Kreuz

Suchen Sie zunächst die entsprechende Signifikatorkarte (28 für einen Herrn, 29 für eine Dame) heraus. Für das Kreuz ziehen wir 4 Karten aus dem Fächer.

Dieses Muster soll über die gegenwärtige Situation als Folge des Vergangenen Auskunft geben und über die zu erwartenden bzw. zu bedenkenden Entwicklungen.

Die Signifikatorkarte K liegt in der Mitte.

Für das Heute (1a) ziehen wir die erste Karte. Sie wird über die Signifikatorkarte gelegt und symbolisiert das, was wie ein Damoklesschwert über dem Fragenden schwebt und nicht unter Kontrolle ist.

Für das Vergangene (2) ziehen wir die zweite Karte. Sie steht für die Ursachen der heutigen Situation.

Für das Heute (1b) ziehen wir eine weitere Karte und legen sie unter die Signifikatorkarte. Sie symbolisiert das, was der Fragende unter Kontrolle hat.

Für die Zukunft (3) ziehen wir eine vierte Karte und legen sie rechts neben die Signifikatorkarte. Sie symbolisiert das, was als Resultat aus dem Vergangenen und dem Heutigen zu erwarten ist.

Beispiellegung:

Heute (1a):
Karte 1 *Reiter*

Vergangenes (2):
Karte 36 *Kreuz*

Heute (1b):
Karte 19 *Turm*

Zukunft (3):
Karte 8 *Sarg*

Zusammenfassende (traditionelle) Deutung:

Neuigkeiten kommen auf Sie zu, von denen Sie nicht wissen können, was sie für Veränderungen in Ihrem Leben bewirken werden. Es gab in der Vergangenheit eine Menge Leid und Unglück in Ihrem Leben, das Sie aber inzwischen überwinden konnten. Dennoch stehen Ihre gegenwärtigen Probleme im Zusammenhang mit dem Erlebten. Der Turm deutet auf einen ausgeprägten und starken Willen hin. In Verbindung mit dem Sarg als zu erwartender Entwicklung bedeutet dies, dass Ihre derzeitige missliche Situation zu Ende geht, wenn Sie sich auf Ihren Willen verlassen.

Das Reihenspiel

Die Karten werden gut durchgemischt. Der Fragende hebt ab und legt die Karten selbst von links nach rechts in Reihen zu je acht Karten aus. Die vier verbleibenden Karten werden beginnend bei der dritten Karte der vierten Reihe unter dieser ausgelegt.

Die Karte 28 *Herr* steht für einen männlichen Fragenden, die Karte 29 *Dame* steht für eine weibliche Klientin. Die Bedeutung der Karten ergibt sich aus dem jeweiligen Umfeld.

Der Siebener-Weg

Dieses Legemuster spricht den spielerischen Aspekt des Kartenlegens an. Es leitet den Fragenden an, sich selbst intuitiv mit der Lösung für sein Problem auseinander zu setzen. Diese Legeart hilft dabei, die eigenen Gedanken zu ordnen und sich seiner Ziele bzw. der Wege dorthin klarer zu werden.

Alle Karten werden offen, das heißt mit der Bildseite nach oben ausgebreitet. Der Fragende wählt nun intuitiv die Karte aus, die seiner Meinung nach am besten seine eigene Situation ausdrückt. Dann wählt er eine zweite Karte, die das Ziel verkörpern soll, auf das er hinarbeiten möchte. Zuletzt wählt er intuitiv fünf Karten aus, die einen Weg von der Ausgangssituation zum Ziel darstellen könnten.

Lenormand bei Königsfurt

Harald Jösten:
Der neue Schlüssel zu den Karten der Mme. Lenormand
Set (Buch, 2. Auflage, + Carta Mundi Lenormand-Karten)
ISBN 3-89875-687-4

Der neue Schlüssel zu den Karten der Mme. Lenormand
Buch separat (2. Auflage) ISBN 3-89875-688-2
Besteller mit Lenormand-Galerie und neuen Deutungen.

Bei Königsfurt erhältliche Ausgaben der Lenormand-Karten
(mit jeweils 36 Karten)

Lenormand 1890 Orakelkarten **(Lo Scarabeo)**
Reine **Bildmotive.** ISBN 3-89875-607-6
Nachdruck sehr schöner Lenormand-Motive.

Lenormand Karten / French Cartomancy **(Lo Scarabeo)**
Mit **Kartenbildern.** ISBN 3-89875-727-7
Berühmtes Deck aus der 2. Hälfte des 19. Jahrhunderts.

Lenormand Orakelspielkarten **(Königsfurt)**
Mit **Versen.** ISBN 3-89875-779-X
Die Abbildungen in diesem Buch. Karten auch separat erhältlich.

Lenormand Wahrsagekarten **(Piatnik)**
Mit **Kartenbildern.** ISBN 3-89875-608-4

Lenormand Wahrsagekarten **(ASS)**
Mit **Kartenbildern**: ISBN 3-89875-622-X
Mit **Versen**: ISBN 3-89875-623-8

Lenormand Wahrsagekarten **(Carta Mundi)**
Mit **Kartenbildern + Versen.** ISBN 3-89875-574-6

Grand Jeu de Mlle. Lenormand
54 Karten mit. engl./frz. Anleitung. ISBN 3-89875-801-X
Große Lenormand-Karten mit jeweils drei Bildzonen
und entsprechenden Deutungsfeldern.
